Karl Friedrich Stumpf-Brentano

Die Reichskanzler vornehmlich des X., XI. und XII. Jahrhunderts

Erster Band, erste Abteilung: Einleitung. Die Merovinger- und Karolingerurkunden

Karl Friedrich Stumpf-Brentano

Die Reichskanzler vornehmlich des X., XI. und XII. Jahrhunderts
Erster Band, erste Abteilung: Einleitung. Die Merovinger- und Karolingerurkunden

ISBN/EAN: 9783743659094

Hergestellt in Europa, USA, Kanada, Australien, Japan

Cover: Foto ©ninafisch / pixelio.de

Weitere Bücher finden Sie auf **www.hansebooks.com**

DIE REICHSKANZLER

VORNEHMLICH DES

X., XI. UND XII. JAHRHUNDERTS

NEBST EINEM RUECKBLICKE

AUF DIE

MEROVINGER- UND KAROLINGER-URKUNDEN.

VON

KARL FRIEDRICH STUMPF.

INNSBRUCK.
VERLAG DER WAGNER'SCHEN UNIVERSITAETS-BUCHHANDLUNG.
1865.

SEINEM VAETERLICHEN FREUNDE

LUDWIG BRENTANO

IN FRANKFURT AM MAIN

ZUR ERINNERUNG AN DEN XX. MAI MDCCCLXII

GEWIDMET.

VORLAEUFIGE NACHRICHT.

Die nachstehenden Abschnitte meiner „Reichskanzler" waren schon 1861, also vor drei Jahren im Drucke vollendet und haben Freunden unserer Wiszenschaft, nah und fern, zur Einsicht vorgelegen. Ich gebe sie jetzt, wenn auch als Fragmente, zusammen mit der ersten Abtheilung meiner Kaiserregesten heraus, weil ich hoffen darf, dasz sie zur Prüfung wie zur Rechenschaft meines Verfahrens bei Abfaszung der letzteren willkommene und ausreichende Anhaltspunkte bieten werden. Denn die Methode der Untersuchung wie der Kritik ist in beiden die Gleiche.

Die Fragmente selbst wollen nicht mehr als eine Vorstudie zur Ergründung des Kanzler- und Urkundenwesens der sächsisch-fränkisch und staufischen Zeiten gelten. Denn als solche sind sie entstanden. Gleich beim Beginn der Arbeit über die Diplomatik der Ottonen fühlte ich den Boden unter meinen Füszen unsicher und vergebens suchte ich aus den verworrenen Verhältnissen derselben zureichende Erklärungründe für ihre Eigenthümlichkeit zu gewinnen. Solche konnten sich, des geschichtlichen Zusammenhanges wegen, mit Sicherheit nur aus den unmittelbar vorhergehenden Epochen ergeben und muszten von dort geholt werden. Die vorhandene Literatur bot mir aber, schon wegen des unzureichend benutzten Materials, keine Gewähr für die Resultate, die in ihr niedergelegt waren und deszhalb griff ich in selbständiger Untersuchung und Prüfung des, meiner Aufgabe nahe verwandten Stoffes zurück bis zu den Anfängen der fränkischen Herrschaft. Mit Recht durfte ich demnach die gewonnenen Resultate als „Rückblicke" bezeichnen, bei denen es mir hauptsächlich um Erforschung von Thatsachen handelte, die vielfach maszgebend und bestimmend für die Entwicklung des Kanzler- und Urkundenwesens auch der spätern Zeiten, bis in das XIII. Jahrhundert herab, werden sollten.

Der Ueberblick, den ich mir auf diese Weise über meinen Gegenstand, von dessen Anfängen durch einen Zeitraum von achthalb Jahrhunderten erwarb, gestützt auf die Untersuchung von mehr denn achttausend fürstlichen Documenten, liesz mich über die Gesetze der Entwicklung auch innerhalb der einzelnen Abschnitte Gesichtspunkte gewinnen, die ohne jenen Ueberblick kaum hätten ermittelt werden können. Davon werden, glaube ich, auch die nachfolgenden Fragmente Zeugniss ablegen und darin mag auch ihr allfälliger Werth beruhen.

Seitdem ist unsere Literatur allerdings durch mehrere selbständige Arbeiten bereichert worden, die, wären sie früher erschienen, mir manche weitschweifige Untersuchung erspart haben würden. Als bedeutendstes wird Sickels „Beiträge zur Diplomatik", *) die Urkunden König Hludwigs des Deutschen betreffend, hervorzuheben, wovon das erste Heft im Herbste 1861 und das zweite Juni 1862 in meine Hände gelangte. Ich habe mich bereits früher bei Besprechung des ersten Heftes in einem Aufsatze: Zur Kritik der Karolinger-Urkunden**) des Ausführlichen besonders über jene Punkte geäuszert, worin unsere Rusultate differieren, darf aber jetzt auch nicht verschweigen, dasz Sickel im Verlauf seiner Untersuchung (vgl. zweites Heft l. c. Seite 156) in mehreren derselben wesentlich zu gleichen Ergebnissen gelangte wie ich. Uebrigens bleibt für die Wiszenschaft auch schon der Weg, den die einzelnen Forscher selbständig zur Erreichung ein und desselben Zieles einschlagen nicht ohne Interesse und mehrfachen Gewinn und das vielleicht um so gewisser, je verschiedenartiger die Pfade sind, die sie dabei gewählt haben. Darum mögen denn auch unsere Arbeiten nicht ohne Nutzen nebeneinander einhergehen, im Wesentlichen sich bestätigend, in Einzelnheiten sich gegenseitig berichtigend aber auch ergänzend.

Zum Schlusze noch die Bemerkung, dasz die nunmehr erzielte Beseitigung von Hindernissen mannigfacher Art, die dieser Arbeit nur allzulange hemmend im Wege gestanden, vor allem und zuvörderst der raschen Fortsetzung derselben zu statten kommen wird.

Innsbruck, im November 1864.

K. F. Stumpf.

---

*) in den Sitzungberichten der kaiserlichen Akademie der Wiszenschaften. Philosophisch-historische Classe 36.329 ff. und 39.105 ff.

**) in der Wochenschrift für Wiszenschaft, Kunst und öffentliches Leben. Beilage der k. Wiener Zeitung. Jahrgang 1862. Mrz. 22. Nr. 8.

ERSTE ABTHEILUNG.

DIE REICHSKANZLER.

> Si qua vero ex aliis regnis... gesta lucidenter inserta fuerint, ab huius negotii materia aliena non putabuntur, dum omnium regnorum vel gentium ad Romanae reipublicae statum tanquam ad fontem recurrat narratio.
> Otto Frising. Gesta Frid. prologus ad caesarem. (Muratori SS. 6, 638.)

> Quis Teutonicos constituit iudices nationum?
> Joannes Saresb. Epist. 58: de electione Alexandri pp. III. (Bibl. max. patr. ed Col. 15, 511.)

Zu wiszen welche Männer zur Blüthezeit des deutschen Reiches in unmittelbarer Nähe der Könige und Kaiser durch ihre Stellung berufen waren auf die Schicksale des Vaterlandes einen bestimmenden Einflusz zu üben, ist für das genauere Verständniss und die richtige Würdigung unsrer Vergangenheit zweifelsohne ein Erforderniss geworden. Diese Männer im Laufe dreier Jahrhunderte, die zugleich den Höhepunkt unsrer politischen Machtentwicklung bezeichnen, näher kennen zu lernen, bildet die Aufgabe die wir uns gestellt haben.

Diese Männer sind die Kanzler des Reiches.

Ihre Herkunft und Vergangenheit, ihre gesammte Thätigkeit und Verwendung, das Gewicht ihrer Stellung wie ihres Einfluszes, ihr Unterhalt, der Austritt aus ihrem Amte wie ihre weitere Beförderung und die genaue Aufeinanderfolge der einzelnen soll — soweit uns gleichzeitige Quellen Aufschlusz gewähren — den Hauptinhalt der nachstehenden Untersuchungen bilden. Diese werden uns also Einblicke in das gesammte Leben und Treiben der Centralregierung des Reiches gestatten, wodurch uns öfter Bestätigung bereits gewonnener Ueberzeugungen, öfter neuer Aufschlusz über den Charakter wie über die Wandlungen der Reichsherrschaft geboten und der genetische Zusammenhang äuszerer Ereignisse mit ihren verdeckten innern Ursachen vielfach enthüllt werden wird.

Denn die Einheit des Reiches ward nur schwer begründet, oft und lange gefährdet. Nicht ein einiges Volk sondern schroff abgetrennte und scharf ausgeprägte Stämme mit eigenem Rechte bildeten die Grundlagen auf denen das deutsche Königthum ruhte. Die Kraft und der Widerstand derselben zerbröckelte schon den Riesenbau Karls des Groszen und nur gestärkter weil mit politischer Einigung im Herzogthume und selbständigem Grafenadel traten dieselben aus dessen Auflösung hervor. Zunächst nur äuszere Gefahr führte aber nicht einmal alle deutschen Stämme wieder zusammen. Ein eisernes Herrschergeschlecht und glückliche Erfolge rings gegen die Feinde aller sicherten diesen Bund und gewannen die noch fehlenden Stämme. Aber deszhalb drohte auch bei jeder Schwäche im Königshause, bei jedem Unglücke gegen auszen dem Ganzen so grosze Gefahr, weil verwegne Herrschsucht wie rasch genährte Unzufriedenheit gegen das stammesfremde Oberhaupt leicht bei einzelnen Stämmen mächtigen Rückhalt fand. Die ganze innere Geschichte unsres Volkes unter der Herrschaft der Ottonen und des fränkischen Hauses ist damit erfüllt wie diese Sondermacht der Stämme zu beheben und zu brechen sei um die Einheit der Reichsgewalt desto sicherer führen zu können. Alle Mittel der Politik wurden deszhalb angewendet, freilich mit wechselndem Erfolge. Die Vertheilung der Herzogthümer unter die Mitglieder und Verwandten der königlichen Familie, die Einigung derselben im Regenten selbst, die Besetzung mit Fremden nur vom Könige gehalten und deszhalb ihm besonders verpflichtet, die Gewährung des Erbrechtes bei den Valvassoren, das Aufgebot aller gegen den Reichsfeind und zu den häufigen Zügen nach Italien, wo gemeinsame Thaten an den gemeinsamen Führer feszelten, wie schlieszlich die offene Bekämpfung der rebellischen Stämme unter dem königlichen Reichsbanner, sie alle und noch mehrere solcher Mittel haben nie vollständig zum erwünschten Ziele geführt wol aber oft das Gegentheil bewirkt. Und wenn endlich unter den Staufern durch Zerstückelung dieser Stammesherzogthümer die Kraft beinahe aller wesentlich geschwächt, ja gebrochen ist, so war diesz allerdings folgerichtig und althergebrachter Königspolitik gemäsz gehandelt, aber der Stärkung der Krone diente es gleichfalls nur wenig, weil es zu spät kam und der Schwerpunkt aller Gefahren für dieselbe jetzt bei völlig veränderter Gestalt der Dinge ganz anderswo gelegen hat.

Nur ein Mittel erwies sich der allseitig gefährdeten Krone von dauernderer Wirksamkeit und das war der Bund mit der Kirche. Das innigste Bedürfniss, eine innere Verwandtschaft feszelte beide aneinander, stärkte sie gegenseitig, Beruf wie Natur beider führte sie aufs engste zusammen. Die Kirche überzeugt schon zur Zeit der Karolinger dasz nur unter dem

Schutze des kaiserlichen Schwertes die Ausbreitung ihrer Lehre, das Gedeihen ihrer Pflanzungen gesichert war, konnte desselben auch ferner nicht entbehren und die Einheit des Glaubens verschmolz so mit der Einheit des Reiches, dessen treibendes Lebensprincip, dessen höchste Aufgabe wieder hierin gipfelte. Die weltgeschichtliche Stellung unsres Kaiserthums wie dessen kühnste Gedanken wurzelten zugleich in dieser Anschauung. Und wahrlich, muste nicht das eine Gesetz, die einheitliche Gliederung ohne Erbrecht, die die Kirche durchdrang, nothwendig der willkommenste Beistand der Krone werden, deren letztes Streben auf gleiche Beherrschung, gleichen Gehorsam aller gerichtet war? Die Feinde des Königthums waren auch die Feinde der Kirche; in vorhinein stand sie den Stammesherzogen schroff entgegen. Fest um den König geschaart, meist in unmittelbarer Nähe desselben groszgezogen wurden die Bischöfe die eifrigsten Vertreter, die wachsamsten Hüter, die unerschrockensten Verfechter der Einheit des Reiches, der Gedanke einer National-Politik, wenn man so sagen darf, fand bei ihnen seine erste Pflege. Darum muste auch jede höhere Weihe, die sich das Königthum errang, von doppelt wirksamer Bedeutung für die Kräftigung der Reichsgewalt und festere Einigung unsres Volkes werden. Das haben unsere Könige wol begriffen, als sie in Rom sich die Kaiserkrone holten. Was Wunder wenn diese Krone in der Stärkung der Kirche sich selber zumeist gesichert sah? Die Ländereien und Grafschaften, die Städte und Schlöszer mit denen sie die Bisthümer ausstattete und beschenkte, dienten sie nicht mit zu ihrer eigenen Erhöhung? standen sie ihr nicht bei jeder Erledigung derselben gleichsam wieder zur Verfügung? Im Rathe wie in den Volksversammlungen, auf dem Felde der Waffen wie der Diplomatie sehen wir die Kirchenfürsten überall in erster Linie thätig. Finanz wie Heer des Reiches ergänzte sich am ergibigsten aus ihren Quellen. Wahrlich auf ihren Schultern ruhte die gröszere Hälfte der Reichsgeschäfte; sie waren im vollsten Sinn des Wortes die ersten Beamten der Krone. [1] Ja, noch mehr. Wie die Bischöfe die ersten Lehnsleute des Königs, so verzweigte sich mit verhält-

---

[1] *In regni autem vestri partibus episcopi vel abbates adeo curis secularibus occupantur ut comitatum assiduae frequentare et militiam exercere cogantur... Ministri enim altaris ministri sunt curie facti* schreibt Paschal II. im Febr. des Jahres 1111 an König Heinrich V. (Jaffé Reg. Pont. 4061.)

nissmäszig geringer Ausnahme ihr eignes Lehnswesen über den gröszeren Theil des weltlichen Adels und knüpfte diesen mittelbar wieder an die Krone an. Eines der wichtigsten und folgenschwersten Verhältnisse unsrer damaligen politischen Zustände. Die Verschmelzung der Gegensätze, die Lockerung der Stammesmacht ist hierdurch zunächst und am wirksamsten eingeleitet und damit zugleich der Schlüszel geboten zum richtigen Verständniss der Geschichte der folgenden Jahrhunderte.

Denn nicht immer sollte, konnte es so bleiben und neuerwachte Bedürfnisse der damaligen Welt forderten auch neue Gestaltungen. Ein Wendepunkt trat nicht blosz in den Geschicken unsres Vaterlandes auch in den Geschicken der Welt ein. Der Kampf gegen den lebendigen Strom des öffentlichen Geistes mag vielfach berechtigt, erklärlich, ja wenn man will ritterlich erscheinen, zum endgiltigen Siege wird er niemals führen und auch die muthigsten Gegner stets zum Falle bringen. Denn es ist gleichsam ein Naturgesetz der Geschichte das sich vollzieht; — und so auch hier. Gerade was die Stärke bisher des Kaiserthums zu bilden im Stande war, woran sich dasselbe gekräftigt und groszgezogen, es muste im Uebermasz gesteigert nothwendig die Verweltlichung der Kirche und hiermit die Entäuszerung des eigensten Berufes derselben zur Folge haben. Die Wurzeln der Gesittung des gesammten Abendlandes schienen unterbunden, die Fundamente der Bildung, auf denen die Welt fuszte, schienen zu wanken. Dem Mittelpunkte, wie allen Theilen drohte gleiche Gefahr. Dasz ein Kaiser selbst Hand an die Reform der Kirche in Haupt und Gliedern legte, gibt den lautesten Beweis ihrer unabwendbaren Nothwendigkeit. Das haben ernste Männer zunächst in einsamer Klause bedacht und in Entsagung und Unabhängigkeit der Kirche die einzige Lösung, die einzige Rettung gefunden. In's Leben hinausgetreten zündete dieser Gedanke eine Welt an und gewaltig wie er war, überzeugte und beugte er auch die Mächtigsten der Erde. Allwärts erwachte neues Leben und überströmend ergosz sich eine Völkerwanderung über die bisher gezognen Gränzen der Christenheit, überall neue Keime der Gesittung weckend, neue Anregungen zu fruchtbarer Entwicklung empfangend.

Wie verhielt sich diesem neuen Geiste und dessen Schöpfungen gegenüber, die die Welt bewegten, unser eignes Königthum? das ist die Frage, deren Lösung Segen oder Unheil dem Vaterlande bringen sollte. Suchte es wie die Nachbarkronen ein friedliches Abkommen zu treffen und den veränderten Verhältnissen auch ein verändertes Verhalten anzupassen? oder waren nicht die Dinge hier schon durch die Stellung zum Kaiserthume und deren Folgerungen, wie durch die viel engere Verkettung kirchlich-politischer Zustände in vorhinein anders und schwieriger geworden und bedingten also auch eine andere Lösung? Suchte vielleicht das Kaiserthum auf neue Grundlagen einen neuen Bund mit der Kirche, um so die höchste Macht auf Erden, wie es vielfach und von den Besten gewünscht und gehofft ward, jetzt vereint und in ungeschwächter Eintracht zu vertreten? oder stieszen nicht diese Sätze der Theorie bei ihrer Verwirklichung auf tausend und aber tausend Hindernisse und lieszen selbst an der Möglichkeit der Ausführung zweifeln? Ansätze zu beiden Versuchen wurden im Laufe des verhängnissvollen Streites gemacht, aber ohne Nachhalt, ohne Erfolg. Denn Misstrauen dort, Unwille hier, der Muth frischer Ueberzeugung drüben, das Vertrauen auf hergebrachtes Recht hüben, die zunehmende Kräftigung durch immer neue Verbindungen und Erfolge auf Seite der Kirche, und die wachsende Zuversicht unbeugsamen Stolzes bei den Kaisern waren schlecht geeignet den Kitt zu einem Werke der Versöhnung zu bilden. Und so blieb denn dem Schwerte die Entscheidung heimgestellt, die für das Kaiserthum schon in vorhinein höchst gefahrdrohend werden muste. Denn womit wollte die Reichsgewalt diesen Riesenkampf siegreich führen, wenn sie der Hauptstützen ihrer Macht nicht mehr sicher war? oder konnte die deutsche Kirche auf die Dauer dem gewaltigen Drange der Zeit widerstehen? Verhängnissvoll ist deszhalb schon der Augenblick, in welchem der Streit begann. Während einer zügellosen Regentschaft und im Kampfe gegen den unabhängigsten der deutschen Stämme haben sich bereits alle Bande des Gehorsams gelockert. Durch die jetzt aufgestellten Forderungen der Kirche nach völliger Unabhängigkeit neigten selbstverständlich die Führer derselben auf Seite jener, deren bisheriges Streben und Handeln von gleichem Geiste beseelt war. Die bis dahin fast getrennten Interessen beider Stände fanden so im Widerstande gegen die Krone einen gemeinsamen Mittelpunkt. Alles muste, nachdem einmal das Haupthinderniss, die Verbindung der Kirche mit der Krone beseitigt war, dem neuen Bunde raschen Fortgang, dauerndes Gedeihen sichern. Und wie innig er geworden zeigt uns am deutlichsten, dasz selbst die Forderung des Papstes auf Verzichtleistung der Regalien, die er, den neuen Grundsätzen getreu, an die deutschen Bischöfe stellte, an dem vereinten Widerstande und vornehmlich der weltlichen Fürsten scheiterte. ² Das Geschlecht der Staufer erbte mit der Krone auch die Politik des fränkischen Hauses und führte dieselbe zu Ende. Was half Ausdauer und Muth, Kühnheit und Kraft, Verschlagenheit und List womit dieses Geschlecht reichlich ausgestattet war? Die Stellung des Kaiserthums selbst war immer schwieriger geworden und alle Mittel die früher zur Stärkung und Erhöhung derselben beigetragen schlugen jetzt ins Gegentheil um. Die Krönung in Rom, früher eine Quelle des Ansehens, des Ruhmes und der Macht, risz jetzt nur alte Wunden auf und schürte aufs neue tiefgehegtes Misstrauen. Die Kämpfe gegen auszen nahmen fast sämmtlich ein klägliches Ende; dem gefährlichsten Feinde im Osten, den anstürmenden Tartaren, stand kein Kaiser entgegen. Was nützte die Zerstückelung der Stammesherzogthümer? es vermehrte nur die Zahl der Feinde; was half die Ausstattung der Bischöfe nun auch mit Rechten der Krone? es stärkte nur die Gegner des Kaisers. Und die Vermehrung der Hausmacht mit fernen Ländern fremder Zone? es verdarb und entfremdete vollends das Herrschergeschlecht und beschleunigte nur dessen Untergang. Verarmt, verlaszen und heimatlos endeten die Staufer, mehrere gewaltsamen Todes, fast alle in der Fremde. Der Verlust Italiens, die Einbusze der Macht wie der Stellung des Kaiserthums, eine gräuelvolle Zerrüttung im Innern, das war die Erbschaft die sie Deutschland hinterlaszen haben. Der Sieg der Oligarchie war vollendet. ³

---

² *ibique* (Romae) *lectis publice privilegiis, tumultuantibus in infinitum principibus pre aecclesiarum spoliatione ac per hoc beneficiorum suorum ablatione.* Ekkehardi chron. ad ann. 1111 (Mon. Germ. SS. 6. 244.)

³ Es kann nicht die Aufgabe unsrer Wiszenschaft sein durch vornehmes Zurechtweisen oder mit einem den Parteiwünschen der Gegenwart entlehnten Maszstabe den grossen Gang der Ereignisse unsres Geschlechtes, unsrer Völker ver- und beurtheilen zu sollen, wie es doch nicht selten leider auch noch heutigen Tages geschieht. Uns gemahnte diesz Verfahren oft an jenen Reisenden, der von der Breite und Tiefe gerade jener Stelle des Stromes an der er sich zufällig befand, den Maszstab nahm mit welchem er auch die Anfänge wie den obern und untern Verlauf desselben geregelt wiszen wollte. Viel Erklecklisches dürfte dabei wahrscheinlich nicht zu Tage kommen. — Gleiches gilt von dem sogenannten historischen Standpunkte auf den man sich gerade jetzt allerwärts so viel zu gute thut. Zunächst betrachtet man die Ge-

Bei all' diesen wechselvollen Schicksalen der Krone standen ihr die Männer zunächst, die ununterbrochen an ihrer Seite als Träger des königlichen Siegels mit dem Vollzuge aller Befehle beauftragt, die Vermittler des königlichen Willens und also gleichsam das erste Organ der Reichseinheit bildeten, anfangs allerdings getheilt für das deutsche, lombardische

schichte als ein grosses Waffenarsenal, aus dem man nach Belieben diese oder jene Rüstung herbeiholt um in gehörigem Harnische zu imponieren und passt nicht die Kleidung des vorigen Jahrhunderts so vielleicht die vor zwei oder drei Jahrhunderten und umgekehrt. Denn welche Partei könnte sich nicht mit historischen Belegen ihrer Ansichten bis zum Ersticken ausstatten? Schade dasz derlei Turniere dem entnervten Geschlechte der Gegenwart höchstens das Interesse an ein Schauspiel entlocken können, — „aber ach ein Schauspiel nur!" Denn nur die wirklichen Bedürfnisse, die deszhalb auch nie in der Luft schweben, wol aber stets tief im Entwicklunggang jeweiliger Gesellschaftszustände wurzeln, geben den wahren historischen Standpunkt ab, der sich auch immer im Leben der Völker Recht zu schaffen weisz. — Und selbst das stets geübte Urtheilen über Thaten der Vergangenheit, für und gegen, im Munde der Lobenden mag allerdings für den Charakter dieser Männer wie den unsrer Zeit vom Belange sein, zur historischen Erkenntniss jener Ereignisse wird es aber nur wenig oder richtiger nichts beitragen und meist nur das klare Bild trüben das zu gewinnen war. Nur die Meinungen jeweiliger Zeitgenossen historischer Begebenheiten können auf Berücksichtigung Anspruch machen und müssen beachtet werden. Denn die Anschauungen über sämmtliche Verhältnisse des Lebens sind selbst wesentlichen Wandlungen unterworfen und wozu sollte es dienen nach heutigen Begriffen den Stab über diesz oder jenes Thun und Laszen brechen, das vielleicht ehedem ganz löblich erscheinen mochte? oder wollte man damit beweisen wie erstaunlich weit wir es gebracht haben? — Wir müsten uns vielmehr bescheiden zunächst die einzelnen Thatsachen in ihrer Wahrheit festestellen und dann den Zusammenhang derselben nach bestem Gewiszen erkennen zu lernen. Wer da weisz mit welchen Schwierigkeiten, mit welchen Scrupeln ein ernstes Forschen hierbei, auch schon auf engstem Gebiete zu ringen hat, wird uns gewiss beistimmen. Nur auf solche Weise kann uns geholfen werden und unsre Erkenntniss dauernden Gewinn ernten. Die letzten Ursachen dürfte wie überall so auch hier ein undurchdringlicher Schleier verhüllen. Oder wer wollte z. B. über das plötzliche Hinscheiden gerade dieses oder jenes Mannes und gerade zu dieser oder jener Zeit Rechenschaft geben? und wieviel hängt nicht oft gerade von einer Persönlichkeit ab? wer erinnerte sich nicht da in unsrer Epoche an einen Heinrich III und Heinrich VI.?

und burgundische Reich, später unter den Staufern geeint aber mit Ausschlusz Siciliens. Als Vorstand der Reichskanzlei, wo zugleich der heranwachsende geistliche Adel seine staatsmännische Bildung erhalten, liefen in ihre Hände alle Fäden der weitverzweigten Regierung zusammen. Bei ihnen muste Einsicht und Ueberblick über die Lage der Dinge, bei ihnen die umfaszendste Kenntniss der entscheidenden Persönlichkeiten zu treffen sein. Denn welches Land, welche Stadt des Reiches haben sie auf ihren steten Reisen nicht betreten? mit welchem Fürsten der Krone kamen sie nicht in Berührung? wer von Bedeutung konnte ihnen fremd bleiben? Mit der ausgebreitetsten Geschäftsthätigkeit über fast sämmtliche Zweige des öffentlichen Lebens sehen wir sie betraut. Da ist beinahe keine Angelegenheit des Reiches die nicht ihrer Bevorwortung bedurfte, Fürsten des In- und Auslandes wenden sich an sie, fremde Herrscher treten mit ihnen in Verbindung, zu den bedeutsamsten Missionen im Innern, zu den wichtigsten Gesandtschaften nach auszen werden sie verwendet, bei Gerichte in Italien können sie die Presenz des Königs ersetzen, an den Finanzangelegenheiten des Reiches scheint ihnen eine wesentliche Bethätigung eingeräumt, ja selbst der Führung bewaffneter Macht waren sie nicht fremd. Meist der Stammesnationalität des regierenden Hauses, öfter der Herrscherfamilie selbst, fast immer den ersten Geschlechtern entnommen gehörten sie zur vertrautesten Umgebung des Königs, zu den Mitwiszern der Staatsgeheimnisse, zu den Mitgliedern des geheimen Rathes wie zu den Fürsten des Reiches. Durchweg geistlich haben sie nicht nur die Vorzüge der Bildung dieses Standes sondern auch die der Stellung desselben getheilt. Eine grosze Anzahl trug schon während der Amtsführung als Kanzler die bischöfliche Mitra, beinahe alle glänzten später auf den ersten Bischofssitzen des Reiches. Ein Bruno I von Köln, Willigis von Mainz, Heribert von Köln, Eberhard I von Bamberg, Pilgrim und Hermann II von Köln, Gregor von Vercelli, Burchard III von Lausanne, Adelbert I von Mainz, Burchard von Münster, Arnold von Mainz, Reinald und Philipp I von Köln, Christian I von Mainz, Konrad I von Hildesheim u. s. w. sind uns freilich wolbekannt und aus der vaterländischen Geschichte geläufig genug, aber gerade die Betrachtung der zusammenhängenden Kette aller wird uns noch manchen Aufschlusz über die politische Bedeutung derselben gewähren und zugleich unsre Aufmerksamkeit auf manche bisher weniger beachtete Persönlichkeit lenken, die bei eingehenderem Studium an Bedeutung gewiss nur gewinnen dürfte. Der enge Zusammenhang der allgemeinen Schicksale des Kaiserthums mit diesen Kanzlern, deren gesammte Thätigkeit und Verwendung ja wesentlich durch dieselben bestimmt war und wieder auf sie zurückwirkte, bei denen „jeder Nachklang froh und trüber Zeit" des Reiches deutlich wiederzuerkennen ist, gab zugleich eine natürliche Abgränzung für die Behandlung unsres Gegenstandes ab, denn mit der Verrückung der Machtstellung des Kaiserthums ist auch der Charakter und die Stellung der Reichskanzler vielfach verändert und ruht auf neuen Grundlagen. Und wenn wir selbst auf diesem so bestimmt ausgesteckten Gebiete nicht immer streng und consequent verblieben sind, so waren es gewiss nur triftige Gründe, die eine weitere Beschränkung zweckdienlich erscheinen liessen und sie hoffentlich auch entschuldigen werden. Wir können übrigens mit gerechtem Stolze auf die lange Reihe dieser Männer blicken, denn sie zählen fast durchweg zu den Besten unsres Volkes und das allein schon möge eine eingehendere Beschäftigung mit denselben rechtfertigen.

Musten wir auch bei dem nicht seltnen Mangel, der Dürftigkeit und Lückenhaftigkeit gleichzeitiger Nachrichten auf eine gleichmäszige Vollständigkeit in der Beantwortung unsrer, im angeregten Sinne aufgeworfnen Fragen verzichten, so stellten doch sie die unwandelbaren Geschichtspunkte fest, denen wir unverrückt bei der Durchforschung u n s r e r Q u e l l e n folgten. Nur auf solche Weise konnte selbst die geringfügigste Notiz Werth und Bedeutung gewinnen und auf manches unsre Aufmerksamkeit gelenkt werden, was scheinbar über unsre Aufgabe hinausreichend sich schliesslich doch nur als nothwendige Consequenz oder gleichsam als Rahmen zu unsrem Gemälde gezeigt hat.

Denn wer wollte hier eine mathematische Gränzlinie ziehen? wer bei selbstständigen Forschungen den befruchtenden Wechselbeziehungen mit näher oder ferner verwandten Gebieten unsrer Wiszenschaft Einhalt thun? — So sollen denn auch hier, ohne irgendwie eine eigne Bearbeitung derselben beansprucht zu haben, für Palaeographie wie Diplomatik, für Chronologie und Sigillographik, für politische Geographie wie Quellenkritik, vorzüglich die urkundliche, für deutsche Territorial- wie Rechtsgeschichte u. s. w. mehr oder minder ergibige Vortheile erwachsen und sich hoffentlich auch reichlich Anknüpfungspunkte für weitere und g e n a u e r e Forschungen ergeben. Wir würden letzteres als den schönsten Lohn unsrer Bestrebungen ansehen; denn wer möchte bei irgend einem Werke geringer anschlagen was es anregt denn was es selbst bietet?

Gebot uns schon die Eigenthümlichkeit unsres Gegenstandes, der Fülle und Mitte des politischen Lebens entnommen, eine weitausgreifende Umschau und Vergleichung mit verwandten Verhältnissen zu halten, so brachte anderseits die besondere Beschaffenheit gerade derjenigen Quellen, aus denen vorzüglich geschöpft werden muste, die Berücksichtigung und Benutzung der mannigfaltigsten und scheinbar oft geringfügigsten Momente nothwendig mit sich und zwang uns sogar unsrer ganzen Darstellung, gröszerer Zweckdienlichkeit wegen, eine diesem Quellenstoffe zunächst entsprechende Form anzupassen. Denn die Geschichte unsrer Kanzler wird kaum von der Geschichte der Reichskanzlei, dem eigentlichsten Felde ihrer Thätigkeit zu trennen sein und letztere kann wieder nur aus den Reichsurkunden als dem wesentlichsten Bestandtheile derselben gewonnen werden.

Wir werden es also in erster Linie mit den Kaiserdocumenten oder richtiger mit allem was aus der kaiserlichen Kanzlei stammt, als den unmittelbaren Zeugnissen und gleichsam den Autographen der Kanzler zu thun haben. Eine genauere Prüfung dieser Privilegien, deren jedes vom jeweiligen Kanzler durchgesehn und durchgemustert wurde (*recognovit*), eine eingehende Beobachtung jeder Eigenthümlichkeit wie Mannigfaltigkeit an denselben, ist somit von selbst geboten, weil uns diese Documente zunächst die sicherste Kunde über die Ausfertiger derselben bewahren und dann noch in der Ueberzeugung stärken dasz sie, einem feingestellten Wetterglase nicht unähnlich, fast jede Veränderung der sie gleichsam umgebenden Atmosphäre auf das genaueste empfinden und wiedergeben.[*] Wir werden genugsam Gelegenheit haben zu zeigen, wie wir fast über jede scheinbare Zufälligkeit und Unregelmäszigkeit in den Urkunden den zuverläszigsten Aufschlusz zunächst durch die Urheber derselben d. i. die Kanzler und damit zugleich einen höchst willkommnen Beitrag wieder zur Geschichte

---

[*] Mehr oder weniger gilt diesz wol von allen öffentlichen Documenten aller Zeiten, oder ist es nicht bezeichnend genug, dasz die Constitutionsurkunde der Revolution von 1793 im Staatsarchiv zu Paris eine Unterschrift mit Bleistift zeigt? Pertz Arch. der Ges. 7, 9.

dieser erhalten können. Man hat sich vielfach mit den verschiedenartigen Kennzeichen und mannigfaltigen Merkmalen der Kaiserdiplome beschäftigt und ihre Abweichungen von der Regel auf die künstlichste Weise zu erklären gesucht. Ein Zurückgreifen auf den letzten Grund, nämlich den Ausfertiger derselben, ist beinahe niemals versucht worden und dennoch dürfte selbstverständlich in den meisten Fällen nirgend sichere Lösung aller Zweifel als gerade hier zu finden sein.[5] Bleibt demnach auch die Geschichte der Reichskanzler der Hauptgegenstand unsrer Untersuchung, so wird sie bei der innigen Verkettung beider doch unabweislich eine Geschichte auch der Kaiserurkunden, wenigstens in ihren Hauptzügen in sich aufnehmen müssen und an der Entwicklung dieser gleichsam sich selber bereichern und vervollständigen.

Zum Glücke ist gerade diese Quelle sowol ihrer Vorzüglichkeit und Reichhaltigkeit wie auch ihrer Menge nach für die Geschichte des Mittelalters fast ohne Gleichen. Als unbeabsichtigter Zeuge verdient sie schon deszhalb doppelte Berücksichtigung und Glaubwürdigkeit. In nicht unbedeutender Anzahl noch in Originalform vorhanden, gibt sie uns schon in dieser äuszern Gestalt in gewisser Beziehung ein Bild der allgemeinen Bildungzustände. Und welche Fülle des Inhalts, die sie uns bewahrt. Nicht blosz „die fortlaufende Reihe der vom Mittelpunkte der deutschen Nation ausgegangenen Rechtshandlungen" stellt sie uns beinahe ununterbrochen dar, sondern da ist fast keine Frage des öffentlichen Lebens, über die uns nicht von ihr und oft allein die zuverläszigste Antwort würde. Die Entwicklung der Stände, die Genealogie der bedeutendsten Geschlechter können wir an ihr am sichersten verfolgen. Land und Stadt, Handel und Verkehr in seinem wechselvollen Auf- und Niedersteigen lernen wir durch sie auf das bestimmteste kennen. Ueber Haus und Hof, Werth und Ergibigkeit ertheilt sie uns die reichlichste Auskunft. Die Anfänge der Nationalökonomie werden hier die ergibigste Ausbeute finden u. s. w. Nimmt man alles in allem, so spiegelt sie wie ein Mikrokosmos eine ganze Welt ab und bleibt auch immer unerschöpflich, je tiefer man gräbt, desto reicher sprudelt sie hervor.[6]

[5] Vergl. Böhmer Reg. Kar. Vorr. 5.
[6] Vergl. Böhmer Reg. Imp. 911—1313, Vorw. 3. Treffend ist auch was Delisle im Catalogue des actes de Philippe-Auguste, intr. 5 sagt: Au nombre

Auch betreff der **Anzahl** der Kaiserdocumente und zwar auch in unsrer Epoche dürfen wir uns nicht beklagen. Die umfaszenden Verzeichnisse derselben danken wir **Johann Friedrich Böhmer**, dessen hier grundlegende Arbeiten dauernd, fest und unerschütterlich bleiben wie der Stoff aus dem sie gemeiszelt sind und den zu beherrschen sie uns zunächst gelehrt haben. Auch wir waren nebenbei bemüht nach Thunlichkeit zur Vermehrung dieser Sammlung beizutragen [7] und so steht uns jetzt für den Zeitraum von kaum dreihundert Jahren ein Vorrath von **über fünfthalbtausend Kaiserurkunden** zur Verfügung. Diese Zahl gewinnt erst ihre volle Bedeutung wenn wir sie mit den noch erhaltenen Documenten andrer Reiche wie z. B. Frankreichs vergleichen, wo sich in demselben Zeitraume kaum tausend Königsurkunden aufweisen laszen. [8] Aber selbst die römische Curie steht wenigstens in der ersten Hälfte unsrer Epoche, also bis Gregor VII. mit kaum neunthalbhundert Bullen [9] hinter der Menge unsrer Urkunden, die bis dahin über dritthalbtausend beträgt, weit zurück. Der einheimischen geistlichen wie weltlichen Fürsten gar nicht zu gedenken, deren eigne Urkunden meist erst mit dem zwölften Jahrhundert in reicherer Anzahl beginnen. [10] Wir dächten diese Daten allein schon

des documents les plus propres à éclairer l'histoire d'un règne, il faut compter les actes mêmes du souverain. D'une part, ils servent à contrôler le témoignage des chroniqueurs et à fixer la chronologie des événements. D'autre part, ils nous font comprendre le jeu des institutions et connaître les projets formés par le roi, les moyens dont il s'est servi, les ministres qui l'ont secondé, les obstacles qu'il a rencontrés, et les résultats auxquels il est arrivé. — Was alles aus dieser Quelle zu schöpfen ist, wenn man nur Einsicht und Geschick dazu besitzt, hat uns Ficker in seinem eben erschienenen Werke „Vom Reichsfürstenstande" wieder im reichsten Masze und auf die überraschendste Weise gezeigt.

[7] Ueber unsre Zusätze vergl. unten Abtheilung II, wo in der Einleitung auch einiges über Regestenliteratur und verwandtes bemerkt ist.

[8] freilich nach Brequigny Table chronologique, aber selbst im günstigsten Falle umfaszender Vermehrung wird diese Sammlung einen Vergleich mit der unsrigen niemals aushalten können.

[9] nach Jaffé Reg. Pont. Seite 311—401 und 946—949.

[10] So besitzen wir, um nur die wichtigsten, die rheinischen Erzbischöfe zu erwähnen, innerhalb unsrer drei Jahrhunderte von Mainz über vierthalbhundert, von Köln über dreihundert, von Trier gegen dritthalbhundert erzbischöfliche Documente, wovon aber allein auf das zwölfte Jahrhundert bei Mainz über

sprechen deutlich genug für die damalige hervorragende Stellung des Kaiserthums.

Ein Registrum imperii aus jenen Tagen, daran wenigstens annäherungweise unser Verlust an Kaiserdiplomen ermessen werden könnte, hat sich freilich nicht erhalten, doch ist selbstverständlich eine Urkundenausfertigung wie sie Lang [11] der kaiserlichen Kanzlei gleichmäszig und „allermindestens" für jedes Jahr von achttausend Stücken und somit in unserem Zeitraum von nicht weniger denn 2,232.000 in vollstem Ernste zumuthet, ein wahres Monstrum von Unding zu nennen, und daran auch nicht in entferntestem zu denken. Welche Anschauung, dem modernsten Bureau entnommen, von jenem Zeitalter! Es wird uns vielmehr gestattet sein, wenn man die noch vorfindigen Originale mit den erhaltenen Cartularien zusammenhält und bei den so verschiedenartigen Schicksalen einzelner Archive im groszen Ganzen dennoch eine successiv gleichmäszige Steigerung des Urkundenvorraths von den ältesten Zeiten her, dann wieder eine annähernd gleiche Anzahl von Documenten bei jedem der Hochstifter und Reichsabteien gewahr wird, weil es sich bei allen um einen bestimmten und gleichen Umfang von Rechten, deren Erwerb von der Krone bestätigt werden muste, handelte, wenn ferner bei einem Vergleich mit den Privilegien von dritten Mächten ertheilt, z. B. der römischen Curie, ein gleich günstiges Resultat sich herausstellt, wenn man das Verhältniss der Fälschungen dabei mit zu Rathe zieht u. s. w. es wird uns, sagen wir, dann vielmehr das Urtheil gestattet sein, dasz der **Hauptbestandtheil** der gesammten urkundlichen Ausfertigungen der kaiserlichen Kanzlei älterer Zeit im **wesentlichen** erhalten ist und Schlüsze und Folgerungen daraus über Rechte und Zustände im allgemeinen mit verhältnissmäszig genügender Sicherheit gezogen werden können. Einzelne Zahlenverhältnisse und Bemerkungen sollen im Laufe unsrer Untersuchung diese Behauptung noch erhärten. Dasz übrigens den weltlichen Groszen in der

dreihundert, bei Köln über zweihundert und bei Trier über anderthalbhundert Urkunden entfallen. (Nach Böhmer in den Period. Blättern für die Mitglieder der Hessischen Geschichtvereine 1849 Nr. 13 Seite 169; nach unsrer eignen Zählung und Görtz Reg. der Erzb. von Trier). Ein ähnliches Verhältniss wird sich auch bei den übrigen Hochstiftern ergeben.

[11] Sendschreiben an Herrn Dr. J. F. Böhmer. Vorr. 6.

frühesten Epoche nicht gleichmäszig wie den geistlichen schriftliche Ausfertigungen ihrer Rechte ertheilt worden sind, dafür möchten wir neben andern besonders den Grund geltend machen, dasz die Privilegien jener meist höchst persönlicher Art nur dem Einzelnen gegolten, während die Rechte dieser wie auch der Städte stets corporativer Natur waren. Sowie nicht mehr der Einzelne sondern auch die Familie gleichfalls derselben theilhaftig werden soll, finden wir auch schriftliche Documentierungen.

Leider sind nicht alle auf uns gekommenen Urkunden in ihrer ursprünglichen Gestalt und Form erhalten. Wieviel uns aber gerade an der Einsicht der Originale gelegen sein muste, weil die Kenntniss einer Menge der beachtungwerthesten Eigenthümlichkeiten der Reichskanzlei, die in den Copien nur allzuhäufig vernachläszigt[12] und oft gar nicht wiederzugeben sind, nur auf diesem Wege zu gewinnen war, wird aus dem bereits Gesagten hinreichend ersichtlich sein. Bei Erledigung gewisser Fragen, wie wir uns gelegentlich überzeugen sollen, konnte sehr oft nur auf Originale Rücksicht genommen werden wollte man nicht allen sichern Boden verlaszen. Wir trachteten darum ihrer so viel wie möglich habhaft zu werden und lieszen uns die Mühe nicht verdrieszen die gröszere Zahl der uns zugänglichen Archive Deutschlands, Staats- wie Privat-

---

[12] Das ist's was wir auch bei manchem neuern Urkundenbuch tadeln müssen wo ähnliches geschieht selbst wenn aus Originalen geschöpft wird. Mögen auch die Herausgeber solcher Schätze die mitunter geringe Abweichung bestimmter Curialien der Beachtung unwerth halten, der heutige Stand der diplomatischen Forschung richtet mit Recht ein scharfes Auge auf jede noch so geringfügige Äuszerlichkeit und kann jetzt auf dem weiten Gebiete der Vergleichung ganz andere Resultate erzielen denn früher. Jede Urkunde muss deszhalb ganz und möglichst genau, wie sie ist, wiedergegeben werden. Fordert sie auch heutigen Tages vielleicht kein Gericht mehr als Beweismittel vor seine Schranken, so fordert sie die Wiszenschaft, die jetzt dessen Stelle vertritt, und der auch die Mehrzahl der Urkundenbücher dienen will, und zwar mit gleicher Beglaubigung ihrer Treue wie ehemals dort. Spielereien anderseits aus übergroszer Genauigkeit, wie z. B. der Nachahmung einzelner Buchstaben u. s. w. was auch mit unterläuft, soll damit natürlich nicht das Wort geredet und überhaupt über diese ganze Angelegenheit wol beherzigt werden was Böhmer Reg. imp. Vorr. 10 Note und in Friedemanns Zeitschr. für Arch. 2, 131 gesagt hat. Dasz doch solche Worte so wenig empfänglichen Boden finden! — Vergl. auch Waitz: Wie soll man Urkunden ediren? in Sybels Hist. Zeitschrift 4, 438.

archive, geistlicher wie weltlicher Corporationen und städtischer Communen zu diesem Zwecke auszubeuten. Das Ergebniss dieser Nachforschungen war ein günstigeres als wir anfangs hoffen durften, denn von den mehr denn dritthalbtausend Kaiserurkunden des X—XII. Jahrhunderts, die den Boden des heutigen deutschen Bundes betreffen, haben sich unsrer Erfahrung nach gegen dreizehnhundert, also ungefähr die Hälfte, als Originale erhalten [13]; bei einigen Kaisern wie Otto III mit 128 von 217, Heinrich II mit 229 von 366, Heinrich III mit 122 von 222, Lothar III mit 38 von 69 stellt sich dieses Verhältniss sogar noch günstiger, bei andern freilich wie Otto II mit 101 von 208, Heinrich IV mit 138 von 308, und Heinrich VI mit nur 49 von 146 wieder minder vortheilhaft heraus. Und da, wenn unsre Nachrichten richtig sind, für die Erhaltung der Archivschätze in der Schweiz und jenseits der Alpen wenigstens bis jetzt nicht geringere Sorgfalt als bei uns getragen wurde, — ob auch in den ehemaligen bur-

[13] Von diesen sind gegen tausend durch unsre Hände gegangen. Es dürfte von Interesse sein betreffs dieser Kaiserurkunden des X—XII. Jahrhunderts ihre Vertheilung nach den heutigen Aufbewahrungorten wie ihre Anzahl wenigstens in den gröszern Archiven kennen zu lernen, dazu diene das folgende Verzeichniss: das reichste von allen ist das Münchner Reichsarchiv mit 456 Originalen (von Heinrich I bis Heinrich VI), dann folgen Berlin mit 210, Karlsruhe mit 112, Hannover mit 85, Wien mit 64, Kassel mit 55, Dresden mit 44, Wolfenbüttel mit 36, Stuttgart mit 22, Darmstadt mit 21, Dessau 20, Bernburg mit 14, die Thüringischen zu Gotha mit 15, Meiningen, Rudolstadt, das Innsbrucker Statthaltereiarchiv, die Provinzialarchive zu Coblenz, Magdeburg u. s. w., die freien Städte Frankfurt, Lübeck, Hamburg und Bremen; die Domstiftsarchive Fulda mit 27, Naumburg mit 26, Meiszen mit 8, Merseburg, Köln, Gurk u. s. w., die Stifts- und Klosterarchive in Oesterreich zu St. Florian, Lambach, Garsten, Kremsmünster, Reichersperg, St. Peter zu Salzburg, Göttweih, Klosterneuburg, Zwettl, Admont, Rein u. s. w.; die Bibliotheken der Universitäten Heidelberg mit 7, Göttingen, Leipzig, Berlin, des historischen Instituts zu Wien, des germanischen Museums zu Nürnberg, des Wallraff'schen Museums zu Köln, der Städte Mainz, Ulm, des historischen Vereins zu Klagenfurt u. s. w.; die Archive der adeligen Geschlechter der Erbach, der Hohenlohe zu Oehringen, der Abensberg-Traun zu Petronell in Niederösterreich, der Colalto zu Pirnitz in Mähren, der Standesherrschaft Kappenberg, der Landstände zu Wien; die Stadtarchive zu Goslar mit 19, Worms mit 5, Köln, Aachen, Duisburg, Werl, Coesfeld, Osnabrück, Quedlinburg, Halberstadt, Bamberg u. s. w. und endlich einzelne Urkunden zerstreut im Privatbesitze.

Stumpf, Reichskanzler. 2

gundisch-lotharingisch-elsässischen und belgisch-holländischen Antheilen des Reiches ist uns unbekannt — so dürfte das angegebene Verhältniss im Durchschnitt wol für sämmtliche Kaiserprivilegien unsres Zeitraumes gelten. Dasz sich übrigens unter diese Urkunden eine nicht unbeträchtliche Anzahl **falscher** im Laufe der Zeiten eingeschlichen hat, lehrt uns jedes Archiv und es ist mit ein Hauptbestreben unsrer Untersuchung gewesen durch Feststellung der Kanzlerreihe einen der sichersten Anhaltspunkte zur Beurtheilung der Echtheit oder Unechtheit der Urkunden zu gewinnen.[14] Wir werden hiervon auch den bestmöglichsten Gebrauch machen.[15] Nur müssen wir gleich in vorhinein betonen, dasz die Kritik fast niemals oder nur in den seltensten Fällen nach **vereinzelten** Merkmalen des Verdachtes ihr Verdammungurtheil aussprechen sollte, wie das bereits Mabillon mit aller Entschiedenheit hervorgehoben hat, freilich vor beinahe zwei Jahrhunderten — inzwischen vergiszt sich viel.[16]

Alle übrigen Kaiserurkunden sind uns nur in Abschriften früherer oder späterer Zeit gerettet und meist in den sogenannten **Cartularien** (Diplomatarien, Copial-) und **Formelbüchern** erhalten worden. Ein Verzeichniss dieser Cartularien für und aus Deutschland nach bestimmten

---

[14] Jac. Grimm in der Anzeige von Böhmers Reg. (Gött. gelehrt. Anz. 1832 St. 72, S. 708), Waitz und Giesebrecht in den Jahrbüchern des Reichs unter dem sächsischen Hause 1c 228 und 2a 114.

[15] Über das Verhältniss der gefälschten zur Gesammtmasse aller Urkunden wie der der einzelnen Kaiser unsrer Epoche vergl. unten Abtheilung II Einleitung. Die gefälschten päpstlichen Bullen gibt Jaffé (Reg. Pont. S. 915 ff.) an; ein Verzeichniss der gefälschten Geschichtschreiber Wattenbach (Deutschlands Geschichtquellen 446). Die gefälschten Capitularien und Gesetze sind Mon. Germ. Leg. 2, 583 ff. abgedruckt. So wird allmälig durch die Kritik der Hauptstoff unsrer mittelalterlichen Geschichtquellen gereinigt und geordnet.

[16] De re dipl. (ed. princ.) 241. Über Fälscher und Fälschungen aller Jahrhunderte zu vergl. Nouveau traité dipl. 6, 110; doch lässt sich besonders betreffs Deutschlands noch manches hinzufügen, wie wir unten im Abschnitte über die Fälschungen zu zeigen Gelegenheit haben werden. Über die verschiedenen Ursachen der Urkundennachfertigung vergl. Mabillon De re dipl. 26. Brequigny Dipl. (ed. Pardessus) 1, prol. 6 ff. und 254. Über die mannigfache Art und Weise der Urkundenfabrication vergl. Stumpf zur Kritik der deutschen Städteprivilegien (in den Sitzungsber. der phil. hist. Classe der k. Akad. der Wiss. 32, 622).

Hauptgesichtspunkten wie Ort und Zeit der Abfaszung, Zahl und Zeitumfang der darin enthaltenen Stücke, jetziger Aufbewahrungort u. s. w. geordnet, besitzen wir freilich noch nicht [17] und müssen darum für jetzt auf manchen Vortheil verzichten, der aus solcher Arbeit nothwendig erwachsen muss. [18] Die Benutzung dieser Urkundensammlungen ist im

[17] wie es z. B. Frankreich im „Catalogue général des cartulaires des archives départementales publié par la commission des archives départementales et communales, Paris 1847" aufzuweisen hat. Vergl. auch Bordier Les archives de France. Nur nach solchen Vorarbeiten konnte ein Werk wie das genannte Delisle's erscheinen. Ein reichhaltiges Material liegt allerdings in Pertz Archiv der Gesellschaft für ältere deutsche Geschichtkunde vor und könnte durch Beiträge wie z. B. die Meiller's über die Münchner Codices (im Archiv für Kunde öst. Geschichtquellen 11, 96) und aus manchem Handschriftencatalog noch um Einiges vermehrt werden, allein die Benutzung ist immerhin sehr beschwerlich und verlangt jedenfalls eine eigne Zusammenstellung. Das wäre eine Aufgabe für angehende Geschichtforscher historischer Seminare, die sich zunächst doch nur mit dem Gerüste und mag es noch so unerquicklich sein, zu beschäftigen haben, ehe sie an das eigentliche Bauen gelangen können. Der Lohn für solche Bemühungen blieb gewiss nicht aus.

[18] So ergibt sich z. B. nach jenem Catalogue des cartulaires (S. 267—272), dass die Mehrzahl der Cartularien in Frankreich aus den geistlichen Archiven und zunächst den klösterlichen herrühre, denn von 2836 Bänden entfallen 1339 auf Rechnungkammer-, Parlaments- und Provinzialstände- dagegen fast 1500 auf erzbischöfliche, bischöfliche, Kapitel-, Klöster- und Ritterordens-Archive und von letztern auf die der Klöster allein 944. Bei diesen also war gröszere Ordnung, strengere Haushaltung zu finden. Dem Alter der Handschrift nach gehört ein Band dem X Jahrhundert, drei dem XI, vierunddreiszig dem XII, hundert und zweiundzwanzig dem XIII und überhaupt dem Mittelalter 610 Bände an, alle übrigen 2011 den letzten drei Jahrhunderten XVI—XVIII. Dieses Misverhältniss mag sich daraus erklären, dass die jüngern Abschriften meistens auf Papier statt auf Pergament geschrieben dem Verdammungurtheil des Convents wol leichter entzogen werden konnten. Sämmtliche Copialbücher zusammen enthalten von der ältesten Zeit (dem fünften Jahrhundert) bis einschlieszlich dem dreizehnten nur 854 Urkundenstücke. Um wie viel reicher dürften wir in Deutschland sein, wo freilich der Vandalismus secularisierender Behörden, und wir könnten manche Geschichte davon erzählen, auch vieles vernichtet aber immerhin wenigstens in keinem Decrete à la Convent förmliche Autodafé anbefohlen hat. — Wie vieles wäre nicht bei einem vergleichenden Überblick über die auch nur annähernde Mehrzahl der Cartularien für die Kritik der Urkunden zu

groszen Ganzen unbedenklich und Entstehung wie Geschichte derselben
bürgen für ihre Glaubwürdigkeit. [19] Nur können sie natürlich die Originale nie ganz ersetzen, denn Unbedachtsamkeit, Nachläszigkeit und wol-
gemeinte Beszerungwuth wie auch oft wieder absichtliche Fahrläszigkeit,
büswillige Aenderung-, Täuschung- und Fälschungsucht haben früh und
spät und zu allen Zeiten ihr Spiel dabei getrieben [20], und wenn uns darum

gewinnen? wie vieles über die Thätigkeit einer bestimmten Kanzlei? wie vieles
für die Geschichte der Bewirthschaftung, der Erträgnisse von Landschaft und
Höfen? u. s. w., denn die Mehrzahl dieser Cartularien waren zum Zwecke der
Übersicht und Controle der Einnahmen von den betreffenden Corporationen verfertigt worden und dienten gleichsam als Steuerrollen. Bemerkenswerth ist
hierfür eine Stelle im Chron. Lippoldesberg. (sec. XII, dessen Originalcodex wir
in Kassel eingesehen haben), wo es von dem Propste dieses Klosters heiszt:
*Preterea universas huius ecclesie villulas longe et prope positas reddituusque vil-
larum, quomodo quadripertita quadam ratione descripserit, ipsa satis scriptura
de his hic exarata testatur. Primus huius scripture modus ille est, qualiter
qualibet huius ecclesie bona, hoc est utrumne concambio, an oblatione fidelium,
an ratione dati et accepti in ius eius accesserint. Secundus modus est ubi
sita sint. Tertius modus est quantum inde solvatur. Quartus modus est
quibus anni temporibus census inde solvendus sit.* Böhmer Font. 3, 268.

[19] Vergl. Mabillon de re dipl. 235. Nouveau traité 1. 182 ff. Brequigny
Dipl. 1, prol. 312 Note 2.

[20] Einzelne Fälle, wie sie uns eben zur Hand sind, mögen zur Bestätigung
unsrer Behauptung dienen. So müszte z. B. das Testament der Königin Radegundis (von 584) nach zwei Copien der Kirchen S. Crucis und S. Radegundis
zu Poitiers aus dem XII und XIII Jahrhundert (Brequigny-Pardessus Dipl. Nr. 192)
schon der unmöglichen Unterschriften wegen als höchst verdächtig bezeichnet
werden, würde uns nicht die genuine Gestalt desselben natürlich ohne jene Zeugenunterschriften bei dem gleichzeitigen Gregor von Tours (Hist. Franc. lib. 9.
cap. 42. ed. Ruinart 472) erhalten sein. — So zeigen beinahe sämmtliche Abschriften der Fuldaer Urkunden durch Eberhard (sec. XII) dessen völlig willkürliches Verfahren so zwar, dasz es fast unmöglich ist, diese Copien einer kritischen
Behandlung zu unterziehen, wie die Urkunden Karls des Groszen, Hludwigs des
Frommen, Hludwigs des Deutschen bei Dronke Cod. dipl. Fuld. 51. 128. 176. 213.
231. 233. 234. 249. 278 u. s. w. beweisen. Wir können uns hiervon da am besten
überzeugen, wo ein Vergleichen zwischen den Eberhard'schen Abschriften und den
noch erhaltenen Originalen möglich wird, wie aus Dronke 14 (Note ad 21), 158
(durch Vergleichung der Nr. 325ᵃ mit 325ᵇ), ferner 304. 321. 336. 345. 355. 367
(in den Noten ad 657, 688, 721, 732, 746, 760) zu ersehn ist. — Der Sammler der

hier auffallende und sonst in keinem der gleichzeitigen Originale anzutreffende Formen und Sachen begegnen, so müssen wir gerechtes Bedenken tragen sie für echt anzunehmen ohne übrigens deszhalb gleich die

Lorscher Traditionen (gleichfalls sec. XII) sagt ausdrücklich: *Sans nomina testium singulis donationum chartis subscribere, vel superfluum vel non necessarium arbitramur, quorum pleraque tum vetustate oblitterata, tum ex ipsa sui antiquitate velut barbara exoleverunt, generantque potius ex nimia prolixitate fastidium, quae tamen studiosius inquirenti in originalibus cartis inserta reperientur* und weiter: *Si quis in hac privilegiorum transcriptione barbarismos sive soloecismos legens reprehenderit, non nobis imputet, sed recurrens ad originalia multo plura in eis verborum duntaxat vitia, non sensuum reperiet, quae nos omnia corrigere pro ipsa antiquitatis reverentia nec volumus nec debemus.* Cod. Lauresh. 4 und 9. — So hat die Urkunde Kaiser Hlothars I von 842 Aug. 29 in Copialbuch einen Zusatz, den das erhaltene Original nicht kennt (Beyer Mittelrhein. Urkkb. 1, 77. vergl. auch Vorr. 3). — Die Urkunde Hludwigs des Deutschen (Böhmer Reg. Kar. 788) aus dem Rheinauer Cartular (bei Neugart Cod. Alem. 1, 354) wäre wegen der Angabe von Incarnation- wie Papstjahren jedenfalls zu beanstanden, indesz das Original (Facs. bei Gerbert Hist. nigr. silv. 3, 7) nichts von alledem, wol aber die bei Neugart fehlende richtige Kanzeleisignatur aufweist. Dasselbe gilt wol von der Urkunde bei Böhmer Reg. Kar. 826, die gleichfalls mit dem zu löschenden Zusatze der Regierungsjahre des Papstes versehn ist. Deszgleichen Böhmer Reg. Kar. 506, 507 mit Angabe der Incarnationjahre, falls sie aus Cartularien entnommen sein sollten? u. a. w. — Die Unterschrift: *Bruno cancellarius et archicapellanus* in der Urkunde Otto I (Böhmer Reg. imp. 107) nur durch Copie und auch weiter durch keine der zahlreichen Recognitionen Bruno's weder in Originalen noch in Cartularien beglaubigt, dürfte als verstümmelt statt: *cancellarius ad vicem Friderici* (oder *Ruodberti*) *archicapellani* stehn. — Aehnlich verhält es sich mit den Unterschriften: *Burchardus cancellarius registravit* in der Urkunde Heinrichs V von 1114 Jan. 23 (bei Dondi dall' Orologio Diss. 4, 56) und: *Ugo Raynaldus s. Col. eccl. electus Italiae archicancellarius registravi* in der Urk. Friedrichs I von 1163 Nov. 6 (Böhmer Reg. imp. 2478), die ganz vereinzelt ohne sonstige Bestätigung durch Originale auf eine eingehendere Berücksichtigung kaum Anspruch machen können, und einfach statt des regelmäszigen *recognovi* verschrieben oder gar verdruckt zu sein scheinen. — Die transumierten Urkunden in den späteren Kaiserdiplomen sind wenigstens in Bezug auf ihre ursprüngliche Ausstellungzeit nur Copien gleichzuhalten, verdienen aber schon deszhalb unsre besondere Aufmerksamkeit, weil sie durch ihre allfällige Abweichung vom Originale für die Geschichte der Fälschungen oft sehr willkommne und feste Anhaltspunkte gewäh-

ganze Urkunde zu verwerfen. Letzteres gilt besonders auch von den sogenannten **Formelbüchern** [21], die grösztentheils in den Kanzleien entstanden und zunächst für ihren Dienst bestimmt uns manchen belehrenden Wink über das Wesen derselben ertheilen und überhaupt für Diplomatik wie Rechtsgeschichte eine mehr oder minder werthvolle Quelle abgeben können.

Zu denjenigen Quellen, die gleichfalls aus der kaiserlichen Kanzlei hervorgegangen und nach den Urkunden zunächst zu Rathe gezogen werden müssen, gehören die **Reichsgesetze** und die **Briefe** der Könige und Kaiser. Es sind uns Belege noch aus der frühesten Zeit erhalten, die dafür beweisen, dasz die Gesetze von den Kanzlern vorgetragen, aufgezeichnet, bekräftigt, aufbewahrt und in beglaubigten Abschriften an die königlichen Bevollmächtigten abgegeben wurden. [22] — Hinsichtlich der

---

ren können; manchmal sind dieselben sogar durch und durch gefälscht wie uns ein höchst interessantes Beispiel in einem Privileg Friedrichs I von 1166 Jan. 8 für die Stadt Aachen vorliegt (Böhmer Reg. imp. 2511); das echte Original desselben Kaisers unter gleichem Datum ist im Stadtarchiv zu Aachen noch erhalten (Lacomblet Niederrhein. Urkkb. I. 283), während Kaiser Friedrich II 1244 (Böhmer Reg. Frid. sec. 1069) ein offenbar auf Grundlage des Originals angefertigtes vollständiges Falsificat mit noch dazu eingeschobner gleichmäszig falscher Urkunde Karls des Groszen transsumierte. — Von den sogenannten Verbesserungen, besonders betreffs des Datums, wimmelt es in den Urkundenbüchern und dieselben verursachen nicht selten grosze Verwirrung. Selbst bessere Editoren sind von diesem Fehler nicht freizusprechen, ganz abgesehen von absichtlichen Interpolatoren wie Bossart (vergl. Lacomblet Niederrh. Urkkb. 1, Vorr. 3 Note) oder Schannat (Arnold Verfaszunggesch. der deutschen Freistädte 1, Vorr. 18) u. s. w.

[21] wie z. B. der Titel *rex Germaniae*, *rex Alemanniae*; dann *regis Germanici*, oder *Ego ... notarius vel exceptor ad vicem archimentariensis recognofeci* im Formelbuch des Bischofs Salamo III von Konstanz beweisen (Ed. Dümmler 1. 8. 16. 85. — Ed. Rockinger in den Quellen und Erörterungen zur bair. Gesch. 7. 189. 166. 208.). Über die Literatur der Formelbücher: Stobbe Gesch. der deutschen Rechtsquellen 1ª 241. 446.

[22] So muszte jedes Exemplar der lex romana Wisigothorum zu seiner authentischen Beglaubigung mit der Unterschrift des Anianus — höchstwahrscheinlich der königliche Referendar — versehn sein, wie es ausdrücklich im Einleitungpatente König Alarichs II (von 506) heiszt (Stobbe Gesch. der deutsch. Rechtsq. 1ª 66. Note). Unter den Karolingern steht uns hierfür eine Reihe von Beweisstellen zu Gebote *Istius* (capitularii) *quartum* (exemplar) *habeat cancel-*

Briefe wiszen wir, „dasz die Unterweisung in Curial- und Briefstil regelmäszig einen Haupttheil des Unterrichtes bildete. Das finden wir schon in Karls des Groszen Hofschule. Die Gewandtheit im Briefstil führte mit Sicherheit zu einer angesehnen Stellung."[23] Die Benutzung der Briefe unterliegt jedoch ganz besondern Schwierigkeiten, nicht blosz wegen der Zerstreutheit des Materials sondern der nothwendigen und eingehenden **sachlichen** Kritik halber, mit welcher jedes einzelne Stück geprüft werden muss, will man nicht Gefahr laufen auf völlig unsicherm Grund und Boden zu bauen. Die Briefe bedürfen daher vor allem einer selbstständigen Bearbeitung, soll ihre Ausbeute eine allgemein erspriesziche und der hohen Bedeutung derselben entsprechende werden.[24]

larius noster. Cap. Karoli Magni de exerc. promov. (anni 803) § 8 (Mon. Germ. Leg. 1, 119). — *Volumus etiam ut capitula quae nunc et alio tempore consultu fidelium nostrorum a nobis constituta sunt a cancellario nostro archiepiscopi et comites eorum de propriis civitatibus aut per se aut per suos missos accipiant.* Cap. Hludov. Pii Aquisgr. (ann. 825) § 26 (Mon. Germ. Leg. 1, 243). — *Capitula autem avi et patris nostri quae in prescriptis commemoravimus, qui ex missis nostris non habuerint et eis indiguerint . . . . de scrinio nostro vel a cancellario nostro accipiant . . .* Karoli II conv. Silv. (ann. 853) § 11 (Mon. Germ. Leg. 1, 423). — *Propterea necessarium duximus, ut commendationem nostram ex hoc scribere rogaremus quae ex more in nostro palatio apud cancellarium retineatur et inde per missos nostros dirigatur.* Karoli II edict. Carisiac. ann. 861 (Mon. Germ. Leg. 1, 477). — *Et tunc iussit Gauzlenum cancellarium ut haec sequentia capitula in populum recitaret.* Karoli II cap. Carisiac. ann. 877 Jun. 16 (Mon. Germ. Leg. 1, 541) u. s. w. — Gesammelt sind die Gesetze von der frühesten Zeit bis Heinrich VII in den Mon. Germ. Leg. Bd. 1 und 2.

[23] bemerkt mit Recht Wattenbach in der Abhandlung über die Briefsteller des Mittelalters im Archiv für Kunde öst. Geschichtq. 14. 29 ff. Neben den daselbst aufgeführten Sammlungen vergl. Pertz Archiv der Gesellschaft 5, 337. 7, 849. 11, 489.

[24] Und von wem anders als der Gesellschaft der Monumenta Germaniae historica können wir eine würdige Lösung dieser vielleicht schwierigsten Aufgabe einer Quellenausgabe hoffen, wie sie es auch ist, die uns dieselbe in bestimmte Aussicht gestellt hat. Wenn wir daher, vielleicht unbescheiden genug, den Wunsch nach einer recht baldigen Erfüllung derselben öffentlich aussprechen, so sei es fern von uns damit einem Unternehmen einen Vorwurf zu machen auf das mit Recht unsre Gesammtnation stolz sein darf. Nur die Überzeugung von dem hohen Gewinne, der allen Freunden vaterländischer Geschichtforschung daraus sicherlich

Neben diesen unmittelbaren Quellen der Reichskanzlei darf aber auch der reichhaltige **urkundliche Schatz anderer Kanzleien** nicht übersehen werden. Welchen Reichthum von Notizen danken wir nicht den päpstlichen Bullen wie den Urkunden geistlicher und weltlicher Reichsfürsten? Schon das Verhältniss der Einwirkung kaiserlicher Documente auf diese und umgekehrt ist belehrend. Aber wie oft treffen wir nicht Kanzler des Reiches an fremden Höfen, bei Erzbischöfen und Bischöfen, bei königlichen Gerichten u. s. w. und von welchem Belange ist es nicht das Itinerar derselben zu erfahren? [25] Sie selbst sind Angehörige der verschiedensten Dom- und Stiftskirchen, treten als Zeugen daselbst auf, bekleiden die verschiedensten geistlichen Würden; ihre ganze Herkunft, ihre weitere Verwendung, ist sie nicht oft nur auf Grundlage der betreffenden Kirchenurkunden zu ermitteln?

Erst nach dem urkundlichen, gleichsam officiellen Quellenmaterial im weitersten Umfange treten die **Annalen, Chroniken** und **Biographien** in den Vordergrund. Wie die echten Urkunden, d. h. die Thätigkeit der Kanzlei den zuverläszigsten Regulator für die Berichte der Geschichtschreiber abgeben, so können wir in richtiger Folgerung aus der gröszeren oder geringeren Kenntniss und Vertrautheit der Schriftsteller mit den Verhältnissen der Reichskanzlei auch auf die gröszere oder geringere Bedeutsamkeit derselben für die Geschichte des Reiches schlieszen. Und wirklich es bestätigt sich, dasz diejenigen Chronisten, denen wir in Beziehung auf unsern Gegenstand genauere Notizen verdanken, wie Gregor von Tours, Einhard, Thegan und Nithard, Rudolf von Fulda und Regino, Thietmar und Wipo, Lambert und Berthold, Otto von Freising und Ragewin, die Annalen von S. Pantaleon und Egmond, Giselbert von Hasnon

---

erwachsen würde, wie das lebendigste Bedürfniss, das auch wir während dieser Arbeit genugsam gefühlt haben, gibt uns den Muth und drängt uns zugleich zu diesem Schritte. Wir könnten jetzt wirklich leichter die Fortsetzung der Scriptores als einen Codex epistolaris imperii entbehren. Gewiss verkennen wir die groszen Schwierigkeiten, die dieser Aufgabe entgegenstehn, am allerwenigsten, allein sicherlich gilt auch hier: sanctus amor patriae dat animum. Wer weisz welchen Zeiten wir entgegengehn? Das Interesse für bestimmte wiszenschaftliche Richtungen hat auch seine Ebbe und Flut, und nicht immer kann dasjenige gleichmäszig verwerthet werden, was gerade heute besonders erwünscht ist.

[25] Böhmer Reg. 1198—1254. Vorr. 50.

u. s. w. überhaupt zu den vorzüglichsten Quellenschriftstellern unsres Mittelalters gezählt werden müssen. Und das selbstverständlich. Standen doch gerade diese zum gröszeren Theile dem Hofe selbst nahe [26] und wenn nicht, so verräth die Aufmerksamkeit, womit sie das jedesmalige Ein- und Austreten der Reichskanzler, deren Stellung bei den wechselvollen Vorgängen im Mittelpunkte des Reiches verfolgen, Verhältnisse also, die sich so leicht einem weniger umsichtigen Beobachter entziehen, zunächst allerdings nur, dasz sie mit politisch richtigem und wolgeübten Sinne Haupt- und Nebensachen zu scheiden wiszen, dann aber zugleich dasz sie nothwendig ihre Berichte aus dem Mittelpunkte des Reiches selbst erhalten haben musten, weil ihnen sonst kaum irgendwo andersher darüber zuverläsziger Aufschlusz geworden wäre; gewiss ein wichtiges Moment um die Glaubwürdigkeit derselben zu erhöhen. Dasz wir womöglichst nur gleichzeitige Nachrichten berücksichtigt haben, leuchtet nach dem Gesagten von selbst ein, denn die spätern Schriftsteller urtheilen gerade über Verfaszung- wie Rechtsinstitute in der Regel nur nach den Mustern und Anschauungen, die ihren Zeiten entsprechen und damit kann uns freilich nur wenig oder gar nichts gedient sein. Bei den Biographen ist wieder eine allerdings begreifliche Ueberschätzung ihrer Helden nichts ungewöhnliches, darum muss das Gewicht und die Bedeutung, die sie denselben oft

---

[26] Nithard z. B. sagt ausdrücklich in der Widmung seines Geschichtwerkes an Karl den Kahlen: *Cum ut optime, mi Domine, nostis, iam pene annis duobus illatam a fratre vestro persecutionem, vos vestrique hautquaquam meriti pateremini, antequam Cadhellonicam introissemus civitatem praecepistis, ut res vestris temporibus gestas stili, officio memoriae traderem.* Mon. Germ. SS. 2, 651. Und Ragewin wendet sich mit seinem Werke geradezu an den damaligen Kanzler Ulrich und den Protonotar Heinrich, stellt sie zu Schiedsrichtern auf und bittet sie dringend um ihre unnachsichtige Kritik (Muratori SS. 6, 739 und 857). Doppelt zu bedauern ist es darum, wenn uns Werke, die am Hofe im Auftrage des Kaisers und in dessen Begleitung geschrieben worden, wie z. B. die Geschichte des denkwürdigen Römerzuges Heinrichs V von 1110 durch den Schotten David, verloren gegangen sind. *Inter quos* (historiographos) *claruit quidam Scotigena nomine David quem scolas Wirceburc regentem pro morum probitate rex sibi capellanum assumpsit. Hic itaque iussus a rege totam huius expeditionis seriem, rerumque in illa gestarum stilo tam facili, qui pene nichil a communi loquela differat, tribus libris digessit.* Ekkehardi Chron. ad ann. 1110 (Mon. Germ. SS. 6, 243).

beilegen, vergleichend und allseitig nochmals abgewogen werden, soll schlieszlich ein richtiges Urtheil zu Tag kommen. Endlich waren Titelsucht und Eitelkeit auch schon vor grauen Zeiten besonders unter italischem Himmel heimisch, wie Petrus diaconus zu Montecasino uns dafür ein Beispiel ist, nicht jeder den er mit einer Würde bedenkt, ist auch wirklich Träger derselben gewesen. [27]

[27] Die kritische Ausgabe der Geschichtschreiber der Karolinger, der sächsischen, fränkischen und theilweise der staufischen Zeit liegt uns in dreizehn Bänden der Monumenta Germaniae historica, Abtheilung: Scriptores vor, dazu für das XII—XIV. Jahrhundert Böhmer Fontes rerum Germanicarum in drei Bänden. Vergl. Wattenbach Deutschlands Geschichtquellen im Mittelalter. Es bietet uns übrigens dieses letztgenannte Werk mehr als der bescheidne Titel sagt, denn der ganze Gang der damaligen Bildung, ihre vorzüglichen Pflegestätten wie die bedeutendsten Träger und Hüter derselben werden uns nahe gebracht und in liebevoller Schilderung ein Bild entworfen, das uns recht heimisch und vertraut werden läszt mit diesen so stillen oft unmerklichen und doch so wichtigen und erfolgreichen Vorgängen im Leben eines Volkes. Nicht bald ist einem langgefühlten Bedürfniss mit einmal in so reichem Masze Abhülfe geschehn wie durch dieses Buch. Ein Verzeichniss der verloren gegangnen oder wenigstens bis jetzt nicht wieder aufgefundnen Annalen, Chroniken und Biographien, wie wir es aus Wattenbachs Arbeit zusammengestellt haben, dürfte vielleicht willkommen sein. Einzelnes was Wattenbach für verloren hielt, hat sich seitdem wieder gefunden. z. B. Gerhoh von Reichersperg De investigatione Antichristi (vgl. Stültz im Arch. für Kunde öst. Geschichtq. 20, 127), anderes ist, freilich ungedruckt, doch glücklich erhalten wie die Miracula S. Servatii und Draco Normannicus. — Die Reihenfolge ist die chronologische: Ablavius Geschichte des gothischen Volkes, Kassiodor zwölf Bücher gothischer Geschichte, Renatus Profuturus Frigeridus Aufzeichnungen und die von Sulpicius Alexander (beide wahrscheinlich den Zeiten der letzten weströmischen Kaiser angehörig), Bischof Maximian von Ravenna Chronik (ein Zeitgenosze Kaiser Justinians I), annalistische Aufzeichnungen von 580—642 die Fredegar zu Grunde gelegen haben, Secundus (Bischof von Trient † 612) Historia Langobardorum, Brun (Candidus) Leben Baugolfs des zweiten Abtes von Fulda, eine Historia abbatum Fuldensium und Annales Hersfeldenses, Adalhards Briefe und die Hofordnung Karls des Groszen (letztere nur im Auszuge Hinkmars erhalten), Haitos (Abt von Reichenau und Bischof von Basel) Reisebeschreibung nach Konstantinopel von 811; Bovo's (Abt von Corvei von 879—890) Geschichte seiner Zeit, Casus S. Galli die Jahre 883—890, Hrotsuitha Carmen de gestis Oddonis I imp. die Jahre 953—962, De fundatione Gandersemensis ecclesiae nur in einer niederdeutschen gereimten Bear-

Schlieszlich haben wir aus Kalendarien, Necrologien und Gedichten, Inschriften und Münzen manche brauchbare Notiz gewonnen und verwerthet. Besonders den Todtenbüchern danken wir wichtige Beiträge zur genauern Bestimmung der Verbindungen wie auch

beitung des Priesters Eberhart von 1216 erhalten, von den Quedlinburger Annalen die Jahre 961—983 und von 1025 an, Halberstadter Annalen, Rochus (Mönch zu Ilsenburg) Leben des Bischofs Haimo zu Halberstadt, Magdeburger Chronik nach 1004, Rudpert (Mönch zu Reichenau) Chronik des Klosters Reichenau in Prosa und Versen unter dem aufgedrungenen Abte Immo 1006, Salzburger Annalen von 835 an und Regensburger die ganze Ottonenzeit hindurch, Vita Wolfgangi ep. Ratisbonensis nur fragmentarisch in der spätern Bearbeitung Othloh's erhalten; Wipo's epische Dichtungen über Konrads II Winterfeldzug nach Burgund 1033, über dessen Heldenthaten im Wendenland 1035, und das gröszere Gedicht Gallinarius, die Annales Altahenses bis 1073, Hermanni Gesta Conradi II et Henrici III (vielleicht nur die Notizen Wipo's?), Vita Gebehardi III ep. Constantiensis, Othochus (aus Freising) Aufzeichnungen zur Zeit Heinrichs IV, Lambert von Hersfeld Epos über seine Zeit und dessen Geschichte des Klosters Hersfeld, von der Vita Bardonis maior liber sec. (de miraculis), lib. tert. (sermones), eine Geschichte der Franken und eine angelsächsische Chronik, die beide Adam von Bremen benutzt hat, Bischof Herrand von Halberstadt Erzählung der Ermordung seines Vorgängers Bischof Burchards III, Vita Bennonis ep. Misnensis. David (Scholasticus zu Würzburg) Geschichte des Römerzuges Heinrichs V von 1110, Vita Theoderici II ep. Metensis, der Schlusz der Vita S. Theogeri ep. Metensis, eine Vita Udonis ep. Tullensis, das Leben des Abtes Theodorich II von Heribrand Abt von S. Lorenz in Lüttich, die Annales S. Gisleni und die Chronica Rothnacensis (Renaix), die Continuatio gestorum ep. Cameracensium von 1076 an, ein Chronicon Wirciburgense von 1057—1101. Privilegium Moraviensis ecclesiae und Epilogus eiusdem nach Kosmas, Guido's (Mönch zu Montecasino) Leben Kaiser Heinrichs IV, Amatus (Mönch zu Montecasino und Bischof zu Nusca) Geschichte der Normannen nur in altfranzösischer Übersetzung erhalten, des Archidiaconus Johannes von Bari (?) Normannengeschichte; Annales Corbeienses von 1147 an, Johann von Cremona (unter Friedrich I) Geschichte seiner Zeit, eine Magdeburger Chronik der Jahre 1192—1235, eine Brandenburger Chronik, die Gesta Pyothrconis (des Grafen Peter Wlast in Schlesien), Annalen von S. Peter zu Erfurt von 1078—1181. Sigiboto's (Mönch zu Paulinzelle) Leben der h. Paulina, das Leben des Abtes von Ottobeuren Ruperts aus S. Georgen (1102—1125), eine Biographie des Lütticher Bischofs Hugo II von Pierrepont, eine allgemeine Weltchronik aus der Mitte des zwölften Jahrhunderts wahrscheinlich in Sachsen geschrieben. —

der Sterbetage entscheidender Persönlichkeiten, wie denn überhaupt diese Quelle, unserem Bedünken nach, noch lange nicht die Ausbeute erfahren hat, die sie eigentlich gewähren könnte. 25

Soviel über die Quellen und ihre Würdigung, aus denen wir den Stoff zu unsrer Darstellung der Reichskanzler entlehnt haben.

Mit dem Beginne der Veröffentlichung von Urkunden hebt auch die Literatur unsres Gegenstandes an. Die völlige Abhängigkeit und natürliche Verkettung jeder Bearbeitung mit ihrem Stoffe, wie schon oben bemerkt wurde, zeigt sich am deutlichsten hier in der Entstehung wie der weitern Entwicklung unsrer Literatur. Die Geschichte oder richtiger die Abhandlungen über Kanzler und Kanzleien haben deszhalb beinahe in jedem

Hierbei noch die wichtigen und leider trotz aller Bemühungen noch immer nicht wiederaufgefundnen Mainz und das Reich betreffenden Geschichtquellen zu vergleichen in Böhmers Verzeichniss in den Period. Blättern für die Mitglieder der Hessischen Geschichtver. 1849 Nr. 13 Seite 166 ff.

[26] z. B. für Statistik, besonders über Population- und Mortalitätverhältnisse der verschiedenen Corporationen. Welchen Gewinn die deutsche Philologie daraus zu gewärtigen hat, zeigte uns Karajan im Verbrüderungbuch von St. Peter zu Salzburg. Ein Verzeichniss der Necrologien gibt Wattenbach Geschichtq. 441, wozu noch Einzelnes beigefügt werden kann, wie z. B. die Necrologien im Archiv, vaterländ. für die Gesch. Nieders. 1835, 282. Archiv für Kunde öst. Geschichtq. 19, 209. Duellius Excepta 125. Eckhart comm. 1, 830. Erhard Zeitsch. 5, 134. Geschichtfreund der fünf Orte 3. 116. 195. 4, 219. 245. 6, 160. 11. 92. 12, 52. 13, 1. 14, 193. 15, 269. 16. 3. Herrgott Gen. 2, 835. 842. 848. 850. Hontheim Prod. 966. Jahrbücher, Wiener 48. Anzeigebl. 42. Keiblinger Gesch. des Klosters Melk, 1, 1160. Kochler SS. rec. Lus. 1. 265. Kremer Or. Nass. 2, 410. 422. Lacombet Arch. für Gesch. des Niederrh. 3, 114. 117. 126. 144. Mone Anzeiger 1836, 98. Oefele SS. 1. 653. Quellen und Erört. zur bair. Gesch. 7, 458. Wedekind Not. 1. 422. Wenck Urkb. 1, 83. Wigand Wetzl. Beitr. 1, 65. Würdtwein Subs. 10, 407. Würdtwein Nova subs. 12, 326. — Notizen über Necrologien in Pertz Archiv 7, 109. 213. 992 ff. 10. 623. 11, 507 ff. 549. 706. 734. 750. 758. 782. 786 ff. — Über die Behandlung der Necrologien nach Stammesländern, aber vielleicht ebenso nach Dioecesen und Ordensgenoszenschaften, schon der wichtigen Confraternitätfrage wegen, liesz sich noch manches bemerken. Eine umfaszende Arbeit müste auch hier neue Gesichtspunkte, neue Gesetze zu Tage bringen.

Werke der Diplomatik eine Stelle gefunden und sind zunächst hier anzutreffen. Allein der geringe Vorrath an, noch dazu ungeordnetem, Quellenstoffe, die kritiklose Benutzung desselben, falsche Voraussetzungen und Uebertragungen aus späterer Zeit auf frühere Epochen, endlich der gänzliche Mangel an festen Zeitbestimmungen haben nothwendig eine grosze Lückenhaftigkeit, ein wirres Durcheinander, völlige Unklarheit und die reine Unmöglichkeit jeder Einsicht in den Entwicklunggang unsres Gegenstandes in beinahe sämmtlichen Werken bis auf unser Jahrhundert herab zur Folge gehabt. Es ist vielleicht nur ein einziger, der grosze Schöpfer der Diplomatik Mabillon auszunehmen, der durch Klarheit, Gewiszenhaftigkeit, Scharfblick und man könnte versucht sein zu sagen durch eine Art von Inspiration wie fast überall so auch hier in der Hauptsache und miteinmal das richtige getroffen hat. Beinahe alles was er (De re diplomatica ed. princ. 112. 118) behauptet, steht heute noch fest. Vieles ist zwar seitdem und mit durch seine Anregung in Frankreich wie bei uns — denn auf diesem Gebiete ist beider Streben ein gemeinsam wetteiferndes — geleistet worden, freilich nicht mit seinem Geiste jedoch bei gerechter Würdigung der groszen Schwierigkeiten gewiss nur der vollsten Anerkennung werthes.[20] Heutigen Tages kann aber von alle dem durchaus nichts mehr befriedigen, denn der Standpunkt der Forschung wie die Anforderung an dieselbe sind ganz andere geworden und verlangen jetzt eine selbständige, kritische Bearbeitung.

[20] Über die Literatur der Diplomatik bis Anfang dieses Jahrhunderts vergl. Schönemann Versuch eines vollständigen Systems der Diplomatik 1, 173 und für uns besonders 1, 206. Was seitdem auf dem Gebiete der systematischen Diplomatik erschienen ist, hat mit geringen Ausnahmen für die Wiszenschaft nur wenig Werth wie z. B. das kostspielige und glänzend ausgestattete Werk von Silvestre Paléographie universelle 1839 und selbst Wailly Éléments de paléographie 1838 sind eigentlich nur ein Auszug aus Nouveau traité de diplomatique. Desto mehr wurde auf dem praktischen Wege der kritischen Quellenausgabe geleistet. Von gröszerer Bedeutung besonders für die tironischen Noten ist Kopp Palaeographia critica 1817, hierzu Tartif Memoire sur les notes Tironiennes in Ser. II. Bd. 3. der Mem. de l'acad. des inscript. et belles lett. von 1852. und Krause Grammatica Tironiana 1853 (lithographiert). Vergl. übrigens unten Abschnitt III, wo die Literatur der Palaeographie, soweit sie unsre Arbeit betrifft, aufgeführt ist.

Einleitung.

Wir wollen die Haupterscheinungen auf dem Gebiete der Kanzlerliteratur nur kurz hervorheben, uns übrigens jedes weitern und jedenfalls überflüszigen Urtheils entbalten, weil die obenerwähnten Fehler und Irrthümer allen diesen Leistungen gemeinschaftlich sind und ein specieller Nachweis derselben nur unnützen Aufwand erfordern würde. Wir hoffen vielmehr durch unsre ganze Untersuchung die einfachste und beste Widerlegung derselben zu liefern.

Fast gleichzeitig und noch vor Mabillon sind in Frankreich und Deutschland selbständige Arbeiten über die Kanzler und Erzkanzler und zwar von der ältesten Zeit ab, erschienen. Dort von L a u n o i s (Lanovius) De sanctis Franciae cancellariis 1634; hier von M a l l i n c k r o t De archicancellariis s. Romani imperii ac cancellariis imperialis aulae 1641. Während aber in Frankreich rasch D u c a n g e Glossarium mediae et infimae latinitatis 1678 (ad verb. cancellarius, capellanus, referendarius, ed. Henschel 2, 79. 128. 5, 651), D u c h e s n e Histoire des chanceliers de France 1680, dann M a b i l l o n De re diplomatica 1681 und wieder T e s s e r e a u Histoire chronologique de la chancellerie de France 1710 folgten, wurde in Deutschland nur Mallinckrot neu aufgelegt und vermehrt (1665 und 1715 sogar zweimal durch Struve und Wencker) und von P f e f f i n g e r 1712 versucht im Vitrarius illustratus (1, 1075 ff.) aus den Urkunden ein Verzeichniss der Kanzler und Erzkanzler von den Karolingern an bis zum Untergang der Staufer herzustellen. Erst mit (Bessels) C h r o n i c o n G o t t w i c e n s e 1732 trat wieder in Deutschland eine selbständige Bearbeitung der Kaiserdocumente, Kanzler und Kanzlei mit inbegriffen, von Chuonrad I bis Friedrich II auf (1, 73 ff.), dem sich anschlieszend H e u m a n n De re diplomatica imperatorum 1745 das Urkunden- und Kanzlerwesen von zehn Karolingern einer eingehenden und gründlichen Forschung unterzog. Damit ist aber auch die eigentliche Literatur über unsern Gegenstand geschloszen, denn was fernerhin über Reichskanzler im groszen Ganzen geliefert wurde, fuszt nicht nur ganz auf dem bisher Geleisteten, sondern gibt meist blosz ein dürres, kritikloses Namensverzeichniss derselben, wie B o u q u e t Recueil des historiens des Gaules et de la France von 1741 in den Einleitungen zu den königlichen und kaiserlichen Urkunden (4, 613. 5, 694. 6, 450. 662. 8, 354. 364. 393. 403. 414. 417. 426. 9, 329. 362 u.s.w.), E c k h a r d Introductio in rem diplomaticam 1742 (S. 149 von Pippin bis Friedrich II), N o u v e a u traité de diplomatique 1750 (5, 44. dann in den Noten von den Karolingern an bis Heinrich VII, 5, 685. 700. 737. 762. 809), Gruber Lehrsystem der diplomatischen Zeitkunde 3. (Supplement-) Bd. 1784 (S. 97 im alphabetischen Verzeichnisse der Kaiser von den Karolingern an bis Friedrich II), Brequigny Diplomata ... 1791 (ed. Pardessus 1, Prol. 228 über die Referendare aber ohne ein Verzeichniss derselben!), Zinkernagel Handbuch für Archivare und Registratoren 1800 (S. 15 in den Noten von Karl dem Groszen bis Friedrich II). Und noch in unsern Tagen Wailly Eléments de paléographie 1838 (1, 220 ff.) und Weidenbach Calendarium historico-christianum 1855 (von Chuonrad I bis Karl IV in den Noten S. 242 ff.).

Erst in Folge der Stürme der französischen Revolution und des Druckes Napoleonischer Despotie wendete sich der Sinn und die Neigung der Nation mit gröszerer Ausdauer und glücklicherem Erfolge der **allgemeinen** vaterländischen Geschichte zu und nach der Befreiung von langertragner Schmach suchte man mit in der Pflege und Belehrung durch geschichtliche Studien eine dauernde Erstarkung und gleichsam eine sichere Wehr zu gewinnen, um der Wiederholung ähnlicher Zeiten der Erniedrigung in Zukunft mit beszerer Kraft vorbeugen, ja hoffentlich für immer begegnen zu können.

Wie stets nach Erschütterungen und gewaltigen Erhebungen, wobei immer ein ideales Moment vorwiegt, der Rückschlag zur Beschäftigung mit realen Verhältnissen unvermeidlich ist, weil er tief in der Natur des Menschen begründet liegt, so kennzeichnet gleiche Fluctuation auch den Entwicklunggang des menschlichen Wiszens im allgemeinen wie in seinen einzelnen Disciplinen. Denn seit dem sogenannten Erwachen der Wiszenschaften folgte auf die theologisch-dogmatisierende die praktische juristisch-philologische und später wieder auf die philosophisch-ästhetische die historisch-naturwiszenschaftliche Richtung, in deren Mitte wir eben jetzt stehn. Jeder derselben verdankt unsre Erkenntniss viel und jede war nothwendige Bedingung für das weitere Gedeihn derselben. Jede übte aber zugleich auf nahe und entfernte Zweige des Forschens einen bewältigenden Einflusz und zog dieselben gleichsam mit Gewalt in ihre Kreise hinein. Und wenn heute das Studium der Sprache und des Rechtes, der Sitte und des Erwerbes, der Kunst und Literatur, des gesammten Denkens, ja selbst die Erforschung der Natur auf dem Wege der Erkenntniss des allmäligen Entwicklungganges, das heiszt also ihrer Geschichte, neue Hauptresultate zu gewinnen bestrebt ist, so zeugt dies nur von der folgerichtigen Herrschaft jeweiliger Geistesströmung. Nicht Systeme brauchen wir jetzt, wir brauchen Geschichte.

Dasz eine solche Epoche dem eigentlich historisch-politischen Studium besonders günstig werden muste, leuchtet ein, freilich zunächst nur dem Studium und Forschen, denn die darstellende Productivität ist noch an andre Bedingungen geknüpft, zuvörderst an ein öffentliches Leben. Um was es sich bei der lebendigen Wiederaufnahme unsrer vaterländischen Geschichtpflege vor allem handelte war, ein treues und ungetrübtes Bild unsrer groszen Vergangenheit zu erhalten und dazu bedurfte es in erster Linie, dasz die Quellen selbst in ihrer Reinheit und Vollständigkeit hergestellt würden, zuerst die des Mittelalters, der reichern Hälfte unsres Geschichtlebens wie des Schlüszels zum Verständniss der spätern Zeiten. Unter Freiherrn von Stein's Anregung und thatkräftiger Förderung fand diese Aufgabe ihre Meister in der Gesellschaft für ältere deutsche Geschichtkunde, jetzt unter dem Schutze und mit Unterstützung des deutschen Bundes und unter der Leitung von Georg Heinrich Pertz und Johann Friedrich Böhmer. Die Muster mittelalterlicher Quellensammlungen andrer Völker wurden schon in der Anlage und vollends in der Ausführung durch die Arbeiten der Gesellschaft übertroffen und weithin die fruchtbarsten Anregungen zu emsigster Thätigkeit in allen Theilen des Reiches geboten. Ein Werk wie die Monumenta Germaniae historica hat kein andres Volk aufzuweisen. Neben den Annalen, Chroniken und Biographien, dann den sogenannten Antiquitäten, bilden auch die Erzeugnisse der kaiserlichen Kanzlei, die Kaiserurkunden wie die Briefe und Gesetze einen wesentlichen Bestandtheil dieser Quellensammlung. Von den Schriftstellern und den Gesetzen liegt bereits ein groszer Theil zur Benutzung vor. Als unumgänglich nothwendige Vorarbeit zur Herausgabe der Kaiserdiplome hat Böhmer vor nunmehr dreiszig Jahren seine Regesta chronologico-diplomatica regum atque imperatorum Romanorum (von 911—1313) zu veröffentlichen begonnen und indem er sie auf frühere und spätere Zeiten ausgedehnt und dann in erweiterter und immer reicherer Gestaltung wieder bearbeitet hat, schuf er dieselben zu einem völlig selbständigen Fach historischer Wiszenschaft und zu einem unentbehrlichen Führer bei jeder vaterländisch-mittelalterlichen Geschichtforschung

um. Eine ganze Literatur ist seitdem, anknüpfend an seine Leistungen, entstanden und mit Recht könnte man fragen ob und wo eine Gränze der Ausbeute, ob und wo eine Gränze des Gewinnes, den seine Arbeiten gewähren, zu ziehn sei? Auch unsre Untersuchung fuszt wesentlich und in allem und jedem auf Böhmers Regesten und wäre ohne dieselben unmöglich gewesen. Denn erst jetzt ist Ordnung, Klarheit und Bestimmtheit in die Hauptthätigkeit der kaiserlichen Kanzlei gebracht und damit ein geordneter, klarer und bestimmter Ueberblick über sämmtliche Verhältnisse derselben erreicht worden. Hat bereits Stenzel in seiner Geschichte Deutschlands unter den fränkischen Kaisern bei Herstellung des Itinerars der Kaiser auf die Kanzler ein wachsames Auge gehabt (wie die Stellen 2, 190. 213. 218. 225. 230. 251. 271. u.s.w. verrathen), so gleichfalls Böhmer wenigstens theilweise schon in den Reg. Kar. (Nr. 133. 146.) und in noch höherem Grade in den neuen Bearbeitungen seiner Regesten, wo in den Einleitungen zu jedem Kaiser in gewohnter strammer und bündiger Weise Kanzler und Kanzleiwesen jener Zeiten geschildert werden, ein unerreichtes Muster für uns und zugleich die Ursache, warum wir in Betreff der zweiten Hälfte der Stauferzeit seit König Philipp, eine nochmalige Bearbeitung für überflüszig erachten durften, da sie im günstigsten Falle doch nur, wie bei Huillard-Bréholles (Historia dipl. Friderici sec. préf. et introd. 115), eine Wiederholung des bereits Gesagten hätte werden müssen. Deszhalb beschränken wir uns in der Hauptsache auf das X—XII. Jahrhundert, d. h. auf die Zeit von Heinrich I bis Heinrich VI, ohne uns gerade jeden Seitenblick auf die frühere oder spätere Epoche, soweit es zweckdienlich erscheint, zu versagen. Auf diese neugewonnene Grundlage gestützt, haben auch die Bearbeiter der Geschichte des Reichs unter dem sächsischen Hause mehr oder minder ausführlich über die kaiserlichen Kanzler gehandelt, so Köpke in den Jahrb. 1 b 98, Waitz 1 c 228, Giesebrecht 2 a 114; dann Jaffé in der Geschichte Deutschlands unter Lothar dem Dritten 271, und deszgleichen in seiner Geschichte Konrads des Dritten 297, Wattenbach über den Kanzler Kadaloh in Adolf Schmidt Zeitschrift für Geschichte 7, 531, und zuletzt Ficker in Reinald von Dassel 119. sammt Regesten desselben 137. Wolzubeachtende Bemerkungen über die ältere Reichskanzlei sind auch in Giesebrechts Geschichte der deutschen Kaiserzeit (erste Auflage), besonders 1, 302. 462. 684. 2, 442 eingestreut.

Nicht minder reges Leben besonders seit Louis Philippe' Regierungsantritt und unter Führung und Bethätigung Guérard', Guizot', Champollion-Figeac', Letronne', Pardessus, der Mitglieder der société de l'histoire de France und der école des chartes herrscht auf dem Gebiete mittelalterlicher Quellen-Ausgabe-Kritik und Bearbeitung in Frankreich, wenn auch der Schwerpunkt der historischen Literatur dort wie in Belgien und Holland mehr und mehr der neuern Geschichte zufällt. Die zahlreichen Publicationen der Archivschätze von Paris wie aus den Provinzen und die Wiederaufnahme der durch die erste Revolution unterbrochnen groszen Arbeiten Bouquet', der Gallia christiana, Brequigny' u. s. w. legen das beredteste Zeugniss für die ernste Pflege auch der frühern Vergangenheit ab. Das bereits angeführte Werk Delisle' über Philipp August von Frankreich kann sich den besten Leistungen Deutschlands an die Seite stellen, und ist es doch der Franzose Huillard-Bréholles, der uns den ersten umfaszenden Codex diplomaticus deutscher Kaiser und Könige (Friedrichs II, Heinrichs (VII), Konrads IV) in seiner Historia diplomatica Friderici secundi liefert. — Auch Italien arbeitet auf unserm Felde rüstig mit und wenn auch Muratori und seine Schule nicht wieder erstanden sind, so wollen wir doch die Verdienste Brunetti', Bertini', Barsocchini', Troya', Tosti', der Mitarbeiter des Archivio storico italiano, Bonaini', Pezzana', der Turiner Monumenta historiae patriae u.s.w. keinesweges unterschätzen.— Nur in England scheint trotz des reichsten und herrlichsten Stoffes weder gleiche Empfänglichkeit noch gleiche Liebe und Geschick für mittelalterliche Quellenkunde vorhanden zu sein. Ein Rymer und Madox fehlen. Die Leistungen Kemble', Hardy', Stevenson', Brewer', Hardwich', Luard' u. s. w. stehn doch sehr vereinzelt. Was laszen nicht die Arbeiten der Record-commission, der English historical society und die jüngsten Publicationen under the direction of the Master of the Rolls mitunter zu wünschen übrig? [30]

Noch eines Werkes müssen wir gedenken, das, wie es mächtig in die Epoche unsrer Untersuchungen eingreift, so auch nicht ohne den nachhaltigsten Einflusz auf dieselben geblieben ist, nämlich Jaffé Regesta Pontificum Romanorum, des bedeutendsten, was neben Böhmer's Arbeiten

---

[10] Vergl. Höfer Zeitsch. für Arch. 2, 318 und Pauli in Sybels Hist. Zeitsch. 1, 548. 4, 459.

sowol seinem Gegenstande wie seiner Bearbeitung nach bisher auf dem Gebiete der Regestenliteratur geleistet worden ist.³¹ — Gleichsam anschlieszend an Jaffé hat jetzt Delisle die Bullen Innocenz' III einer eingehenden Prüfung unterzogen (Bibliothèque de l'école des chartes. IV Ser. 4, 1 ff.) wie bereits im vorhergehenden Bande dieser Zeitschrift das Itinerar dieses Papstes hergestellt.

Indem wir in den nachstehenden Untersuchungen auf Grundlage kritischer Bearbeitung zum erstenmale versuchen eine quellenmäszige Darstellung des kaiserlichen Kanzleiwesens in einer der bedeutsamsten Epochen unsrer Geschichte zu liefern und besonders eine genaue Reihenfolge der Kanzler, die strenge Unterscheidung der verschiedenen Kanzleien sammt allen weitern Folgerungen, die sich hieraus ergeben, herstellen wollen, so sind wir uns dabei auch wol bewuszt, dasz wir kaum etwas vollständiges zu bieten im Stande sein werden: wie vieles mag übersehen worden sein, wie viel Neues kann uns nicht jeder Tag bringen, wie das z. B. gerade jetzt wieder der Fund des Professor Contzen's zu Würzburg auf das überraschendste bekundete.³² Auch wie ganz anders hätte unsre Arbeit allerdings beschafft werden können, hätte uns ein Codex diplomaticus imperii vorgelegen? Freilich würde sie dann vielleicht überflüszig geworden sein, weil demselben eine wenigstens annähernd ähnliche Untersuchung fast nothwendig vorangehen muss; das gibt uns aber zugleich die Ueberzeugung, dasz wir alles in allem genommen mit diesem Versuche jedenfalls eine wirkliche Lücke in unsrer mittelalterlichen Geschichtforschung auszufüllen

---

³¹ Und wenn wir hier den Wunsch nach einer kurzen Angabe der frühern Schicksale jedes Papstes nach dem Vorgange Böhmer's, und bei den gefälschten Bullen um Aufnahme des Ausstellungjahres wie des Hauptgrundes ihrer Verwerflichkeit zu äuszern wagen, so geschieht es nicht, um vielleicht blosz Ausstellungen erheben zu wollen, was uns wahrlich nicht beikommen würde, sondern nur um in der zu hoffenden neuen erweiterten Auflage auch diese Bereicherung bestens verwerthen zu können, wie wir bereits für die, den Regesten jedes Papstes vorausgeschickte treffliche Zusammenstellung der Kardinal- und Kanzlerverzeichnisse besonders zu danken verpflichtet sind. Einzelne Versehen können bei einem so groszen Unternehmen nicht maszgebend in die Wagschale fallen und darum müssen wir Schoene's Ausfall (Kardinallegat Kuno, Bischof von Präneste 17. Note) geradezu unwürdig nennen.

³² Vergl. Allgemeine Zeitung 1860 Dez. 17 Hauptbl. Nr. 352. Seite 5822.

bemüht waren, freilich nur mit unzureichenden Kräften. Deszhalb möge diese **Vorarbeit**, wie wir sie am richtigsten bezeichnen möchten, als solche vorderhand, ehe beszeres zu Tage kommt, gelten und genügen. Auch können wir nicht genug hervorheben, um unbegründeten Anforderungen und Hoffnungen gleich im vorhinein zu begegnen, dasz es uns hauptsächlich nur um die Erforschung des Kanzlerwesens zu thun war und alles was wir noch nebenbei geboten haben, nur mit Rücksicht auf diesen Hauptzweck aufgeführt ist, deszhalb auf eine irgendwie selbständige Geltung auch durchaus nicht Anspruch machen will. Wol sind Beobachtungen über allerlei, nah und fern liegende Dinge, wie sie sich von selbst jedem bei gröszerer Umschau aufdrängen müssen, eingestreut, und nur deszhalb, damit sie vielleicht gelegentlich von umsichtigern Forschern des beszern verwerthet werden mögen. Wie manchen Gewinn haben nicht wir selbst und öfter aus derlei scheinbar zufälligen Bemerkungen gezogen? Auf eine Polemik gegen die bisher gangbaren Auffaszungen und Bearbeitungen unsres Gegenstandes musten wir aus den bereits oben dargelegten Gründen von selbst und gerne verzichten. Es läuft derlei Gezänk, womit oft ganze Hefte historischer Vereinsschriften angefüllt werden, in der Regel auf nichts anderes heraus als auf ein brüskes Cokettieren mit Allbelesenheit und auf eine billige Siegesfanfare über die vermeinte Niederlage eines ganzen Heeres von Gegnern. Nur wo wir begründeten Ansichten bewährter Forscher mit neu gewonnenen Resultaten und neuen Beweisen berichtigend begegnen zu müssen glaubten, haben wir jene des nähern angeführt. Ist uns Epigonen auch manchmal gegönnt der Wahrheit näher zu kommen, so dürfen wir doch niemals auszer Acht laszen, dasz es meist nicht unser Verdienst, sondern die Folge von inzwischen neu gewonnenen Beweismitteln ist, wodurch uns dieser Schritt ermöglicht wird, und sollen darum die Meister nie vergeszen, auf deren Schultern wir stehn und denen wir in der Hauptsache doch alles verdanken.

I. — RÜCKBLICK AUF DIE MEROVINGER- UND KAROLINGER-URKUNDEN.

Mit denselben königlichen Insignien, dem Diademe und der Lanze, dem Königsmantel und dem Armschilde geschmückt, wie wir sie aus den Siegeln Chuonrads I kennen und die dessen Bruder Eberhard, auf des sterbenden Königs Geheisz Heinrich dem Sachsen überbracht haben soll, erscheint dieser auf den Siegeln seiner Urkunden abgebildet und ebenso unverändert ist die ganze Art und Form der Ausfertigung königlicher Documente unter dem neuen Herrscher wie unter dessen unmittelbarem Vorgänger geblieben. Denn der Uebergang der Königsmacht auf das Haus der Sachsen war ein friedlicher und so wird wol auch ein Theil der bisherigen königlichen Kanzlei, Leute die in den Geschäften derselben unterrichtet waren, von Heinrich I übernommen worden sein.

Wollen wir uns demnach über diese in ihrer Gesammtorganisation bestimmt und fertig auftretenden Kanzlei, die ihre Verrichtungen nicht erst vom neuen Könige neu zugewiesen erhielt, sondern vielmehr nach althergebrachter Weise fortsetzte, Aufschlusz und Rechenschaft holen, so wird sich ein Rückblick auf die vorausgehende Epoche der Karolinger, ja bis in die Merovingerzeit zurück um so nothwendiger und nützlicher erweisen, als allein erst mit der Einsicht in die Origines unsres Institutes Werth, Bedeutung und Geschichte desselben klar gemacht und ein richtiges Verständniss für die wesentlichen Eigenthümlichkeiten seiner Thätigkeit gewonnen werden kann. Mit Recht sagt daher Pertz: „die ältesten Urkunden unsrer Geschichte schliessen sich an die römischen." [1] Wie Stoff und Schrift, so sind auch die Formen der urkundlichen

---

[1] Arch. der Ges. 5, 317.

Abfaszung wie die mit denselben betrauten Behörden von den siegreichen Germanen dem sinkenden römischen Reiche entnommen. Der Titel *vir illuster*, der in den Urkunden der Merovinger und ersten Karolinger prangt wie das Amt der *referendarii*, denen zunächst die Besorgung der königlichen Documente oblag, laszen sich unmittelbar auf römisch-byzantinischen Ursprung zurückführen. Nur durch Festhalten und Verfolgen des historischen Zusammenhanges gewinnen alle Dinge ihre richtige Würdigung und Erklärung und so auch hier.

Wir werden deszhalb am zweckmäszigsten handeln, wenn wir in **kurzen** aber **bestimmt** gezeichneten Umriszen [2] ein Bild der Kanzleien, ihrer Veränderung und allmähligen Ausbildung, wie es sich aus den noch erhaltenen Urkunden erkennen läszt und zwar jener Mächte entwerfen, von denen, wie einstens von Rom gegen die hellenistischen Diadochen und Epigonenstaaten des Orients, nun gegen die romanisierten Reiche des Occidents siegreich vorgedrungen und ein dauerndes Fundament neuer Staats- und Lebensordnungen beschafft wurde, nämlich der **fränkischen Monarchien** der Merovinger und Karolinger. Eine Trennung nach Partialgeschichten liesz sich schon aus innern Gründen kaum ohne wesent-

---

[*] Wir können diesz jetzt um so leichter, da über wichtige Fragen dieses Gegenstandes gerade in dem jüngst erschienenen Bd. 3, 426 ff. von Waitz' deutscher Verfaszunggeschichte, wie bereits früher Bd. 2, 380 ff. die gründlichsten Forschungen niedergelegt worden sind. Unsre Arbeiten waren bereits beendet, als uns der Verfaszer selbst auf diese seine eben veröffentlichten Untersuchungen aufmerksam gemacht hat. Uns gewährte übrigens die Überzeugung, dasz unsre Resultate im wesentlichen mit denen von Waitz übereinstimmen, nicht geringe Beruhigung und Vertrauen in die von uns gewählte Methode; wo wir dessen ungeachtet im Einzelnen abweichender Ansicht sein zu müssen geglaubt haben, ist es nicht versäumt worden, die Begründung unsrer Behauptungen ausführlich anzuführen. — Wir haben hier, dem Zwecke unsrer ganzen Arbeit gemäsz, nur die Hauptgesichtspunkte festzustellen gesucht, nach denen eine kritische Beherrschung des Materials, besonders mit Zugrundelegung eines genauen Verzeichnisses der Erznotare und Kanzler, möglich werden dürfte, damit aber hoffentlich auch die Hauptschwierigkeiten beseitigt, die bisher einer solchen Bearbeitung entgegengestanden haben. Der Boden ist jetzt geebneter und kann leichter bebaut werden. Möge daher unsre Skizze zunächst willkommne Anhaltspunkte für diese weiteren Nachforschungen bieten und sich auch bei späteren eingehenderen Prüfungen des Stoffes, in dem Dürftigen was sie giht, bewähren.

lichen Nachtheil durchführen [?] und gerade dieser Zusammenhang, dessen sich das germanische Abendland in jenen ältesten Zeiten erfreute, wirkte auch nach und trotz der spätern Trennung desselben in selbständige Reiche in der Geschichte ihrer Kanzleien noch fort und bewahrte den Urkunden derselben, gegenüber allen, der Karolingerherrschaft einst nicht zugehörigen Ländern, etwas unläugbar verwandtes und gemeinsames in Entwicklung und Ausbildung. Und war es denn mit der Gesammtgeschichte dieser Reiche d. h. Deutschlands, Italiens und Frankreichs in der ersten Hälfte ihres Mittelalters eigentlich anders? Wenn wir indesz doch eine eingehendere Behandlung gerade denjenigen Reichen und Herrschern widmeten, die insbesondere dem Boden unsres deutschen Vaterlandes angehören, so erklärt sich diesz neben andern Gründen schon hinreichend dadurch, dasz uns der Stoff, wie wir ihn benöthigten, gerade hierfür am reichsten und ergibigsten zu Gebote stand und wird hoffentlich überhaupt keiner weiteren Rechtfertigung bedürfen. — Wir werden übrigens schon hier den engen Zusammenhang zwischen den politischen Ereignissen im groszen Ganzen und den Veränderungen und Einwirkungen derselben auf das gesammte Kanzlei- und Urkundenwesen deutlich beobachten können und sogar genöthigt sein die Epochen, die für die geschichtliche Entwicklung jener Zeiten im allgemeinen gelten, auch als maszgebend für die Geschichte unsres Gegenstandes zu erkennen. Anderseits werden sich ebenso klar die bestimmenden Einflüsze jeweiliger Kanzler auf die verschiedenartigen und mannigfachen Eigenthümlichkeiten der Urkunden erweisen und wir damit auf Verhältnisse aufmerksam gemacht, die tief in der Natur der Dinge wurzeln und deren genauere Beachtung für den Verlauf unsrer ganzen weitern Untersuchung gewiss nur vom besten Erfolg begleitet sein dürfte.

Ist auch gerade diese älteste Zeit oft und fleisziger als andre Epochen beinahe *h* *v* allen, die sich mit Diplomatik beschäftigten, behandelt worden,

---

[1] Über die zusammenhängende Behandlung der Geschichte der sämmtlichen Karolingerreiche hat Böhmer Reg. Kar. Vorr. 6 treffliche Worte geschrieben, die nicht übersehn werden sollten. — Auch die Behandlung der Urkunden einzelner Karolingerfürsten für sich halten wir nach den gemachten Erfahrungen geradezu für verfehlt. Wir hätten ohne die zusammenfassende Berücksichtigung aller Karolingerdocumente gewiss auf die besten Resultate, die wir nur der Befolgung der entgegengesetzten Methode verdanken, Verzicht leisten müssen.

so glauben wir doch auf wesentliche bisher unberücksichtigt gebliebene Punkte zuerst hingewiesen und dann mit Sicherheit dort entschieden zu haben, wo bisher nur Vermuthungen oder sehr oft völlig unbegründeten Conjecturen Raum gestattet war. Wir verdanken diese Resultate zunächst der gröszeren Menge und der geordneteren Uebersicht des Stoffes, die wir vor unsern Vorgängern voraus haben und ohne die wir unsre Arbeit kaum hätten unternehmen können; dann der womöglichst streng durchgeführten Methode, wornach in allen rein diplomatischen Fragen fast ausschlieszlich nur Originalurkunden zu Rathe gezogen worden sind, die wir entweder selbst eingesehn oder aber zuverläszigen unmittelbar aus Originalen geschöpften Abdrücken entnommen haben und womit einzig und allein ein sicher Boden für Beantwortung dieser Fragen wie zugleich ein fester Maszstab zur Beurtheilung der Willkür der Copisten zu gewinnen war; endlich der stets geübten Vorsicht, nie nach einseitiger Beobachtung einzelner Eigenthümlichkeiten, sondern nur mit Berücksichtigung sämmtlicher Merkmale die Beurtheilung jeder Urkunde vorzunehmen, wodurch wir vor manchem Irrthum, in den selbst tüchtige Forscher, wie z. B. Ulrich Friedrich Kopp, verfallen sind, bewahrt blieben.

Was nun zunächst die Merovinger Königsurkunden betrifft, so liegen sie gesammelt in der Anzahl von ungefähr zweihundert, wovon aber gegen die Hälfte als gefälscht oder wenigstens interpoliert bezeichnet werden muss, in de Brequigny et de la Porte du Theil Diplomata, chartae, epistolae et alia documenta ad res Francias spectantia, Tom. I: Diplomata, chartas et instrumenta aetatis Merovingicae exhibens, — jetzt in erneuerter, vermehrter aber nicht gerade verbeszerter Auflage von Pardessus in zwei Bänden, Paris 1843—1849 besorgt — vor, wobei als ergänzender Beitrag Bordier Recueil des chartes Mérovingiennes, Paris 1850 zu berücksichtigen ist.[4] Die Zahl der noch erhaltenen echten Originale beträgt ungefähr die Hälfte der unverdächtigen Merovingerurkunden. Sie werden jetzt im Staatsarchiv und auf der Staatsbibliothek zu Paris aufbewahrt[5] und sind beinahe sämmtlich von Letronne Diplomata et chartae

---

[4] Wir haben unsrer Arbeit die Ausgabe von Pardessus zu Grunde gelegt und citieren durchweg nach den Nummern der Urkunden, welche durch die daselbst (1, Prol. 401 ff.) angebrachte vergleichende Inhaltstafel leicht auf die Zahlen der frühern Ausgabe reduciert werden können.

[5] Bordier Les archives de France 188 ff.

Merovingicae aetatis in archivo Franciae asservata, Paris 1848—1851 facsimilirt worden. Die Hauptursache, warum gerade aus der ersten Merovingerzeit verhältnissmäszig so wenig Originalurkunden erhalten sind, wird wol nur in dem Stoffe, dem Papyrus, auf dem sie ausgefertigt worden, zu suchen sein, denn von der Mitte des VII Jahrhunderts an, wo das Pergament die Stelle des Papyrus einnahm, stellt sich plötzlich das Verhältniss der noch erhaltenen Originale zur Gesammtzahl der echten Documente als überaus günstig dar.

Die Karolingerurkunden hat Böhmer in den Regesta chronologico-diplomatica Karolorum, Frankfurt am Main 1833 und zwar, nach Abzug der wiederholt gezählten wie z. B. bei Kaiser Hlotar I, in einer Menge von mehr denn zweitausend verzeichnet. Sind wir seitdem auch hinsichtlich dieser Zeit durch manche neue Beiträge bereichert worden [6], wodurch uns zugleich die genauere Bestimmung und Heranziehung manches dort mit Absicht weggelaszenen Documentes [7] ermöglicht und unser Vorrath vielleicht um einige hundert Stücke vermehrt worden ist, so bleibt doch jene Arbeit die allein sichre Grundlage auf die mit Erfolg weiter gebaut werden kann.[8] An Originalen der Karolinger sind wir, wenigstens in Deutsch-

---

[6] Vergl. z. B. für Kaiser Arnolf die Arbeit Dümmler's De Arnulfo Francorum rege 190 ff. — Neues für Deutschland brachten die inzwischen erschienenen Urkundensammlungen wie Mon. Boic. 31ª, Kausler's Wirtembergisches, Dümgé's Badisches, Remling's Speier, Dronke's Fuldaer, Beyer's Mittelrheinisches, Lacomblet's Niederrheinisches, Erhard's Westfälisches, Hodenberg's Verdner Urkkb. u. s. w.; für die Schweiz Mohr's, Wyss', Zeerleder's, Trouillat's, Gingins la Sarra' Publicationen, die Regesten der Schweizer Klöster u. s. w. — Vergl. auch Pertz Arch. d. Ges. 7, 336. 11, 425 ff.

[7] Vergl. Böhmer Reg. Kar. Vorr. 4. — Über verlorengegangene Karolingerurkk. vergl. Heumann Comm. de re dipl. imperator. 1, 140. 257. 411. 2, 216.

[8] Wir haben während unsrer Untersuchung, die sich ganz auf Böhmers Regesten stützt und in der, nebst einem beträchtlichen Zuwachse, sämmtliche bei Böhmer aufgeführten Urkunden zu Rathe gezogen worden sind, Gelegenheit genug gehabt die groszen Schwierigkeiten kennen zu lernen, womit besonders diese erste umfassende Bearbeitung der Karolingerurkunden zu kämpfen gehabt haben muste. Dafür möge unter anderm der Umstand als Beweis gelten, dass sehr häufig Urkunden gleichnamigen Königen zugeschrieben wurden, von denen dieselben jedoch keinesfalls ausgestellt sein konnten. Wir begegnen solchen Fehlern nicht nur bei älteren, sonst bewährten Editoren z. B. bei Guden, Bouquet (vergl. Böhmer

land verhältnismäszig sogar noch beszer daran als für die nachstfolgenden Jahrhunderte. Denn von den ungefähr fünfhundert Karolingerurkunden, die auf die Länder des heutigen deutschen Bundes entfallen, haben sich in

Reg. Kar. 796. 1474. 1475), Heumann Comm. de re dipl. imperator. 1, 319, wo eine Urk. dem Kaiser Hlothar I zu 848 statt König Lothar von Italien 948 zugewiesen ist u. s. w., sondern finden derlei Fälle nicht selten auch in unsern Tagen z. B. bei Pertz Arch. der Ges. 5, 323, wo drei Urkk. von 880—882 Karl dem Kahlen statt Karl dem Dicken zugeschrieben sind, bei Lacomblet Niederrh. Urkkb. 1, 37 eine Urk. dem Könige Hludwig III 878 März 26 statt Hludwig dem Deutschen 834, von Meiller, nach dem Vorgange Wegelin's, im öst. Notzbl. 1, 100 Karl dem Kahlen statt Karl dem Dicken, bei Beyer Mittelrh. Urkkb. 1, 43 Karl dem Groszen 800 statt Karl dem Dicken 887, ferner 1, 54 Hludwig dem Frommen 816 März 22 statt Hludwig dem Kinde 902, in der Bibliothèque de l'école des chartes I Ser. 1, 208 Karl dem Kahlen 848 statt Karl dem Einfältigen 900 zugesprochen u. s. w., wenn gleich nicht zu läugnen ist, dasz der gröszere Theil dieser Urkunden allerdings schon im vorhinein als gefälscht oder wenigstens stark corrumpiert bezeichnet werden musz. Bei Böhmer ist uns eine derartige Verwechslung nur ein einzigesmal begegnet und dabei folgt er nur Miraeus, nämlich Reg. Kar. 1712, wo die Urk. Karl dem Kahlen 863 statt Karl dem Einfältigen 916 beigelegt ist, doch ist auch hier wenigstens die Datierung sicherlich verderbt. Übrigens sind derlei Berichtigungen jetzt mit Hülfe eines Führers, wie die Regesta Karolorum sind, allerdings leichten Kaufes zu machen. — Was uns indesz unläugbar groszen Nutzen gebracht, ist die genaue Festellung der Erzkapellan-, Erznotar- und Kanzlerreihe, denn erst mit diesem Verzeichnisse ist es uns gelungen in die scheinbar oft sehr verwirrte Chronologie der Documente Ordnung und Gesetz zu bringen, wie unten die sechsthalbhundert Urkundendaten des nähern beweisen sollen. Auch haben sich mittelst dieses Correctivs nicht unerhebliche Änderungen in der Aufeinanderfolge der der Urkunden vornehmen laszen. Eine Kritik der Diplome vollends dürfte eines solchen Kanzlerverzeichnisses gar nicht entrathen, wenn sie nicht völlig willkürlich sondern mit wiszenschaftlicher Begründung und Sicherheit zu Werke gehn wollte. Schade, dasz hie und da die Dürftigkeit der Quellen z. B. bei den burgundischen Königen eine festgeschloszne Kette der Kanzler nicht herstellen liesz. Einige Abhülfe dürften wir auch hierin nach den Angaben in Pertz Arch. der Ges. 7, 838. 11, 482 u. s. w. einstens von den Urkundenpublicationen der Monumenta Germaniae zu erwarten haben. — Kleinere Versehn und Druckfehler der Reg. Kar. bemerken wir gleich hier, um das öftere Wiederholen derselben bei unsern Citaten zu ersparen wie z. B. den irrigen Ausstellungsort „Ingelinheim palatio regio" in den Urkk. Kaiser Hludwigs des Frommen Reg. Kar. 322—330 statt des richtigen „Aquisgrani", oder die Wiederholung ein und desselben Docu-

unsern Archiven gegen dreihundert, also drei Fünftheile erhalten, während wir für das X—XII Jahrhundert nur ungefähr die Hälfte der Kaiserprivilegien aufzutreiben im Stande waren. Je älter also die Documente, desto sorgsamer wurden sie aufbewahrt. Bei einzelnen Karolingern gestaltet sich dieses Verhältniss sogar noch günstiger, so sind z. B. von ungefähr 90, das heutige Deutschland betreffenden Urkunden Hludwigs des Deutschen noch 59 im Original, von 15 Hludwigs III noch 12, von 25 Karls des Dicken noch 24, von 85 Arnolfs noch 68, von 41 Hludwigs des Kindes noch 22, von 28 Chuonrads I noch 16 vorhanden, freilich zerstreut in den Archiven zu München, Berlin, Fulda, Karlsruhe, Wien, Kassel, Hannover, Wolfenbüttel, Frankfurt am Main, Stuttgart, Darmstadt, im Johanneum zu Grätz, im historischen Verein zu Klagenfurt, im Privatbesitz u. s. w. In **Frankreich** hat auch hierbei ein minder freundliches Schicksal gewaltet, denn das Staatsarchiv zu Paris, wohin wol sämmtliche derlei Schätze aus dem ganzen Reiche zusammengeschleppt worden sind, verwahrt jetzt von der ursprünglich ungleich gröszeren Anzahl Frankreich betreffenden Karolingerurkunden nur zweihundert.[9] Freilich hat Bouquet gar nur 161 ausdrücklich als „autographa" bezeichnet und so scheint es fast, als hätte sich doch noch mehr, als zu vermuthen war, durch den Sturm der ersten Revolution hindurchgerettet. Eine Bereisung der Archive **Italiens** bleibt endlich gerade für die genauere Bearbeitung der Karolingerprivilegien doppelt erwünscht, weil uns ihre Urkunden bis jetzt zum gröszten Theile

---

ments als von einander verschieden, wie Reg. Kar. 126, dessen Urkunde gleich und eigentlich Reg. 130 ist, Reg. Kar. 650 = 658, Reg. Kar. 1315 = 1336. Die Urkunde von Reg. Kar. 30 ist in der Bibl. de l'école des chartes IV Ser. 2, 349. von Reg. Kar. 902 bei Trouillat Mon. de l'hist. de Bale I, 119, von Reg. Kar. 1300 bei Margarini Bull. Cas. 2, 37 gedruckt u. s. w. — Da wir übrigens neben andern Gründen schon des groszen Raumersparnisses wegen überall, wo wir uns auf Urkk. beziehn müssen, die Böhmer in seinen Regesta Kar. oder Reg. imperii 911—1313 (selbstverständlich nur für Heinrich I — Heinrich VI) oder Reg. Frid. sec. oder Reg. Rud. I u. s. w. verzeichnet hat, durchweg nur die betreffenden Regestennummern anführen wollen, so wird es am zweckmäszigsten sein, ein für allemal eine bestimmte Abkürzungsart festzustellen, und zwar für Böhmer Reg. Kar. = BRK., für Reg. imp. = BRI., für die spätern Reg. = BRFr. oder BRHen. u. s. w.; unsre eignen Regestenbeiträge aber, die die zweite Abtheilung dieses Buches bilden, wollen wir einfach mit RB. bezeichnen.

[9] Bordier Arch. de France 201.

nur in höchst unzuverläsigen Abdrücken zugängig sind. Und welche Schätze mögen überhaupt noch dort zu heben sein, wo z. B. ein einziges Archiv wie das zu Lucca aus den Zeiten der Karolingerherrschaft allein gegen dreizehnhundert Originale aufzuweisen hat. [10]

Da es sich bei unserm Rückblick auf die ältesten Documente unsrer Geschichte nur darum handeln konnte, die Genesis des Kanzler- und Urkundenwesens im X—XII Jahrhundert zu verfolgen und überhaupt nur mit Hinblick auf diesen Zweck die ganze Untersuchung vorgenommen werden durfte, so versteht es sich von selbst, dasz hier von einer vollständigen Bearbeitung der Merovinger- und Karolingerurkunden an und für sich durchaus nicht die Rede sein kann und dasz sogar vieles in vorhinein übergangen werden muss, sobald damit keine unsrer Fragen berührt oder aber auf keine derselben eine ausgibige und hinreichend lohnende Antwort zu hoffen ist. Aus diesem Grunde bleibt z. B. eine nähere Berücksichtigung der sogenannten Exordien der Urkunden, woraus sowol für die politischen Grundsätze der einzelnen Fürsten als auch für den Zusammenhang ihrer Kanzleien auf Grundlage gemeinsamer Dictamina u. s. w. vielleicht mancher interessante Aufschlusz zu gewärtigen wäre; ferner die ganze Lehre von den tironischen Noten, die gerade mit Beginn unsrer sächsischen Periode in völlige Vergeszenheit gerathen und auch nicht wieder in Anwendung gekommen sind [11]; ebenso eine besondre Zusammenstellung der Notare

---

[10] Nach einer gütigen Mittheilung Bibliothekar Bethmanns in Wolfenbüttel. Ob übrigens die jüngsten Ereignisse, wie sie allgemein verwirrend und zerstörend auf dem schwer heimgesuchten Boden Italiens wirken, nicht auch mit gleicher Gefahr die bisher geretteten Schätze seiner unvergleichlichen Geschichte bedrohen, wer wollte das bestimmt verneinen? wer verhüten? Wo allen geschichtlichen Grundlagen so offen und in so frevelhaft übermüthiger Weise Hohn gesprochen wird, darf es uns wahrlich nicht Wunder nehmen, wenn gerade die lautesten Zeugnisse einer warnungreichen Vergangenheit der Vernichtung preisgegeben würden. Freilich wäre das ein Wüthen gegen sein eigenstes Heiligthum und würde sich dort wie überall rächen! Dasz aber auch ein gut Stück unsrer geschichtlichen Erinnerung dabei zu Grunde ginge, was kann das uns viel bekümmern? denn was hat, den jüngsten Orakelsprüchen an der Spree zufolge, Deutschland in Italien zu suchen?

[11] Vergl. Kopp Palaeographia critica 1, 411 ff. Über die Unterschriften in tironischen Noten bei Merovinger und Karolingerurkk. l. c. 371 ff. Beispiele von Spielereien mittelalterlicher Kryptographie bei Pertz Arch. der Ges. 3, 171 aus

wie überhaupt des niedern Kanzleipersonales, das gerade in den Karolingerurkunden so häufig genannt wird, sowenig dieselbe in einer speciellen Diplomatik jener Zeiten eigentlich fehlen dürfte u. s. w., diesz alles und noch viel mehr bleibt von unsrer Darstellung der Urkunden der Merovinger und Karolinger im vorhinein ausgeschloszen. Dagegen haben wir zunächst (I) die Epochen festzustellen, nach denen sich im groszen Ganzen Entwicklunggang und Fortschritt in Kanzlei- und Urkundenwesen derselben gliedern und kennzeichnen läszt. Wir werden sodann die charakteristischen Merkmale, wie sie in ihrer allmähligen Verwandlung bis zur Urkundengestalt der sächsischen Periode gediehn sind, des näheren (II) schon in der ganzen äuszern Erscheinung und Form der Documente und weiter, der natürlichen Reihefolge nach wie sie die Urkunden selbst aufweisen, (III) in Hinsicht auf die sogenannte Invocation und den Titel, (IV) bei der Bekräftigungformel durch Strafausmasz, fürstliche Unterschrift und Besiegelung, (V) mit Rücksicht auf die Datierung der Privilegien und endlich (VI) insbesondere in Betreff der Kanzleien zu verfolgen und am Schlusze mit Hülfe der gewonnenen Resultate. (VII) ein möglist umfaszendes Verzeichniss der gefälschten oder verdächtigen Urkunden anzufügen haben, das zugleich für die Beleuchtung der Fälschungen unsrer späteren Jahrhunderte willkommne Anhaltspunkte bieten soll.

1. — Die Epochen in den Merovinger- und Karolingerurkunden.

Die Benennung des Ausstellers, die Bestätigung durch die Besiegelung und die Bezeichnung des Datums sind die ursprünglichen, einfachen aber unerläszlichen Formbedingungen unsrer ältesten, unverstümmelten Documente. Darnach läszt sich als charakteristisches Symptom in der Entwicklunggeschichte unsres ganzen Urkundenwesens von der ältesten Zeit her beobachten und feststellen, dasz sich stets ein unläugbares Streben nach reicherer Ausbildung dieser Formen kundgegeben habe und mit der zunehmenden Veredlung und Verfeinerung der Sitten auch der Sinn für einen gesteigerten, feierlichen und ehrfurchtgebietenden Ausdruck der höchsten Autorität immer lebendiger geworden sei.

einem Wiener Codex der Briefe des h. Bonifacius, dann 7, 756 nach einer Handschrift der Lex Alamannorum zu München u. s. w.

In der ersten Epoche, die wir die Merovingische nennen müssen [12], sind sämmtliche Formen noch in ihrer primitiven, schmucklosen Gestalt vorhanden und laszen beinahe kaum einen Unterschied zwischen königlichen und Privaturkunden bemerkbar werden. Nur in geringem Masze zeigt sich hier allmälig einige Bereicherung und Erweiterung. Der Beginn mit Hervorhebung des königlichen Namens als Frankenkönigs und „vir illuster", die Erwähnung der königlichen Unterschrift und deren Zeichen, die Unterfertigung des Referendars, die Besiegelung mit dem königlichen Kopfsiegel wie die Datierung nach Monatstagen, Regierungjahren und Ausstellungort sind, wenn auch nicht ausnahmlos durchgeführt, als die wesentlichsten Merkmale der königlichen Documente der Merovinger zu bezeichnen. Aenderungen hierin finden sich auffallend selten und es muss diese Stabilität oder richtiger Stagnation, wie sie freilich nur allzu sehr dem allgemeinen Charakter ihrer ganzen Regierung entsprach, die ja zuletzt nur noch in den Ausfertigungen von Privilegien ein Lebenszeichen bewahrte [13], als eine specifische Eigenthümlichkeit der Urkunden sämmtlicher Merovinger hervorgehoben werden.

Ganz anders gestalteten sich die Dinge in der zweiten, der eigentlichen Karolingerepoche. Wie diesz Geschlecht der Karolinger in der eignen Tüchtigkeit das Recht seines Berufes, in der Ausführung der umfaszendsten, weltgeschichtlichen Plane seine Rechtfertigung und in der Zustimmung und Weihe durch die Kirche die höchste geistige Stütze suchte und fand und also mächtig umgestaltend in sämmtliche Verhältnisse der damaligen Welt eingriff, so sollten auch in den Urkunden desselben [14]

---

[12] Über die Merovingischen Königs- wie Privaturkunden besitzen wir in Brequigny-(Pardessus) Dipl. 1 Prol. und besonders 236 ff. ausführliche, wenn auch nicht gerade mit besonderer Kritik durchgeführte Abhandlungen. Dasz übrigens hier auch jede genealogische Tabelle und jedes Verzeichniss von Referendaren fehlt, nimmt uns bei den, gerade hierin so exacten Franzosen Wunder. Wo anders als in einem solchen Werke muste eine derartige Zusammenstellung nothwendig enthalten sein?

[13] *nullam potestatem in regno habebant nisi tantum quod cartae et privilegia in nomine eorum conscribebantur, potestatem vero regiam, penitus nullam habebant sed quod maior domus Francorum volebat, hoc faciebant.* Ann. Lauriss. min. ad ann. 750 (Mon. Germ. SS. I, 116).

[14] Am eingehendsten sind die Documente der Karolinger in Heumann

dentlich die Spuren des neubelebenden Principes, das von ihm ausging, wie der gewaltigen Aenderungen, deren Veranlaszung es war, wiederzuerkennen sein. Freilich schlosz man sich auch hier zunächst und unmittelbar an die Vorgänger an, doch trat bald eine Umwandlung fast aller überkommnen Formen und eine Erweiterung zu neuen ein, wie es eben die bewegenden und leitenden Gedanken: Kirche und Imperium mit nothwendiger Consequenz erheischten. Und wie die Documente so trägt auch die ausfertigende Behörde, die Kanzlei einen andern Charakter, sie selbst ist wesentlich eine andre, eine neue geworden. Besonders unter drei Regenten, unter Pippin, Karl dem Groszen und Hludwig dem Deutschen gelangten allmählig diese Hauptveränderungen zu einem bestimmten dauernden Ausdrucke und insbesondre des letztern Erz-Notar und Kapellan Grimald, Abt von S. Gallen, muss geradezu als derjenige bezeichnet werden, von dem das Karolingische Kanzlei- und Urkundenwesen, wie es dann bestimmend für die nächsten Jahrhunderte geblieben ist, gleichsam seinen Abschlusz und seine Vollendung erhalten hat. Müssen wir, gerade der Merovingerperiode gegenüber, den Reichthum und die Mannigfaltigkeit, wodurch z. B. sogar die Urkunden eines jeden einzelnen Karolingers für sich von denen aller übrigen auf das genaueste unterschieden werden können und dabei doch wieder die Stetigkeit, Folgerichtigkeit und den Zusammenhang in der gemeinsamen Entwicklung aller als einen ganz besondern Vorzug dieses wesentlich schöpferischen Zeitraumes der Karolingerherrschaft betonen, so liegt gerade in diesem letzten Moment zugleich der Grund zu einer unverkennbaren Scheidung auch in dem Urkundenwesen von den folgenden, schlimmern Zeiten.

Denn die dritte Periode, die wir als Uebergangsepoche bezeichnen möchten, trägt den Stempel jenes allgemeinen Charakters, der die traurigen Zustände der sich auflösenden Karolingerreiche seit Karls des Dicken Zeiten, bedrängt gleichmäszig von innen wie von auszen, auf so unzweideutige Weise kennzeichnet. Neues wurde jetzt fast gar nichts zu Tage gefördert, wol aber sehn wir überall statt Stetigkeit unsichres Schwanken zwischen alten und neuen Formen, statt Folgerichtigkeit willkürliches Wiederholen und Verändern, statt Zusammenhanges unnützes

---

Comm. do re dipl. imperator. Nürnberg 1745—1753, in zwei Bänden behandelt. Eine für ihre Zeit in jeder Beziehung höchst achtunggebietende Arbeit.

Lösen wolgebildeter Gliederungen um sich greifen, was vielleicht wie bei den burgundischen Herrschern mit völligem Zerstören aller überkommenen Formen geendet haben würde, an deren Resten sich dann kaum irgend welche gedeihliche Weiterentwicklung hätte anknüpfen laszen, wenn nicht neue Geschlechter mit festem Regimente zunächst auf deutschem und italischem, dann auf französischem Boden noch frühzeitig genug und wie überall so auch hier, auf dem Gebiete der Kanzlei rettend eingegriffen hätten. Damit schlieszt von selbst die Uebergangsepoche ab und beginnt die sächsisch-fränkische Periode, die folgenden anderthalb Jahrhunderte umfaszend.

2. — Über die äuszere Gestalt der Urkunden und Verwandtes.

Die ältesten Urkunden der Merovinger sind auf Papyrus geschrieben, erst von der zweiten Hälfte des siebenten Jahrhunderts an diente das Pergament als Schreibmaterial und bleibt von nun an fast ausnahmlos im Gebrauche. [15] Das Format desselben ist von ungleicher Grösze. Geschrieben wurde durchweg mit schwarzer Tinte. — Die Schrift und Orthographie knüpft unmittelbar an die spätrömische Cursive an [16], aus der sich auch die übrigen abendländischen Nationalschriften, die westgothische, langobardische, irische, angelsächsische entwickelt haben. Abkürzungen des allerdings stark verderbten Lateins kommen nur die allergewöhnlichsten vor. An Worttrennung wie an Interpunktion fehlt es gänzlich. [17] Die Schreibweise der königlichen Namen ist uns durch die erhaltenen echten Originale nur als: Dagoberctus, Chlodovius oder

---

[15] Die älteste noch erhaltene Pergamentsurk. ist von König Theuderic' III von 677 Sept. 12 (Breq.-Pard. Nr. 387). Was vorher von Königsdiplomen auf Pergament geschrieben erscheint, ist falsch (Breq.-Pard. 163. 362).

[16] wie uns ein Beispiel in der Ravennater Urk. (Mabillon De re dipl. 458*) vorliegt. Die Urk. König Childeric' II von 674 März 4 (Breq.-Pard. 368) mit Minuskel a ist natürlich in viel späterer Zeit erst geschrieben.

[17] Schon der Worttrennung wegen sind die berüchtigten Urkk. Dagoberts I von 633 Apr. 4 und Dagoberts II von 675 Aug. 26 (Breq.-Pard. 260. 378) unhaltbar und die Urk. Theoderic' IV von 737 Jul. 12 (Breq.-Pard. 542) ist wegen Interpunktion und spätern Abkürzungformen gleichfalls zu verwerfen. — Über das barbarische Latein jener Zeit vergl. Wattenbach Geschichtq. 69.

Chlodoveus, Chlotarius, Theudericus, Childeberethus oder Childeberthus, Chilperichus oder Chilpricus verbürgt. [18] — Eine strenge Gliederung der Urkunden, wodurch sie sich, wie die späteren, gleich auf den ersten Blick als königliche von den andern unterscheiden würden, findet eigentlich nicht statt. Regel ist es übrigens, dasz nur der Name und Titel des Königs, in verlängerter Schrift geschrieben, die ganze oberste Zeile füllt, jedoch sind auch hiervon die Ausnahmen nicht selten [19]; im letzten Falle ist übrigens die durch die ganze erste Zeile hindurchgeführte verlängerte Textschrift auch keineswegs strenge befolgt. [20] Ein bestimmter Platz ist den Unterschriften weder der Könige noch der Referendare eingeräumt. [21] Dagegen bildet das Datum für sich stets die Schluszzeile der Urkunden.— Tironische Noten als Chrismon am Beginn der Urkunden wie der Unterfertigungen der Referendare und dann weitläufiger am Schlusze der letzteren fehlen fast in keinem echten Merovingerdiplom, wol aber in den gefälschten. [22] Auch finden sie sich auf der Rückseite der Urkunden, einen kurzen Auszug ihres Inhalts verzeichnend. [23]

Anders werden diese Verhältnisse in der Epoche der Karolinger. Vielfach sogleich geändert, trat aber auch in den, unmittelbar noch an die Merovingerdocumente sich anschlieszenden äuszern Formen der Karolingerurkunden sehr bald eine Wandlung von so eigenthümlicher Art ein, dasz es ein leichtes wird, dieselben auf den ersten Blick und mit aller

---

[18] Deszhalb sind Originalurkk. mit: Childebertus (Breq.-Pard. 163), Chilpericus (190), Dagobertus (260. 280. 378), Theodericus (542) mehr als verdächtig.

[19] z. B. Breq.-Pard. 279. 388. 397. 496.

[20] Wie allerdings Breq.-Pard. 388, dagegen fehlt sie Breq.-Pard. 469. Die Urk. Childerts I von 558 Dec. 6 (Breq.-Pard. 163), mit verlängerter Schrift die ganze erste Zeile hindurch, ist falsch.

[21] In vielen Urkk. ragt indessen die königliche Unterfertigung deutlich hervor, wie Breq.-Pard. 245 279. 322. 410. 431. 433. 441. 456. 473 u. s. w.

[22] wie Breq.-Pard. 163. 190. 260. 378. 542. Über die tironischen Noten im Chrismon Kopp Palaeogr. crit. 1, 424 zu Breq.-Pard. 440. Unterschriften in tironischen Noten bei Merovingischen Urkk. und zwar zu Breq.-Pard. 410. 433. 473. 477 sind bei Kopp l. c. 374 ff. aufgelöst, doch bleibt hier noch viel zu thun übrig, denn auch Letronne hat in seinem Textabdruck der Merovingerfacs. die tironischen Noten nicht enträthselt, was eigentlich jedenfalls hätte geschehn müssen.

[23] Kopp Palaeogr. crit. 1, 426 zu Breq.-Pard. 436. 440.

Bestimmtheit von jedem Diplom der vorhergehenden Periode zu unterscheiden. Gebraucht wurde für diese urkundlichen Aufzeichnungen ausschlieszlich nur das Pergament.[24] Die Grösze desselben ist verschieden, unter Pippin und Carlomann meist länglich und dann finden wir die Zeilen nach der Länge des Pergaments geschrieben[25], seit Karl dem Groszen überwiegt die Quadratform. Auch tritt der Unterschied zwischen italienischem und fränkisch-deutschem Pergamente bereits hier deutlich hervor. Als Tinte ward in der Regel die schwarze gebraucht. Bei scharfer Beobachtung läszt sich sogar noch jetzt in vielen Urkunden die Verschiedenheit derselben, besonders in der Ausfertigung der Kanzlei und des Datums von jener der übrigen Textschrift genau wahrnehmen.[26] Doch sind auch Fälle bekannt, wo ausnahmweise sowol Purpur als Goldfarbe verwendet wurde.[27]

[24] Die gemeinschaftlich ausgestellte Schenkungurk. Papst Leos III und Karls des Groszen von 805 für das Kloster Trium Fontium ad aquas Salvias (Ughelli It. sac. 1, 50) — *per paginam aeream exauratam* — ist falsch. Vergl. BRK. S. 23 ad ann. 805.

[25] Vergl. die Facs. der Urkk. BRK. 27. 29. 30. 32 und Nouveau traité dipl. Taf. 92.

[26] BRK. 354. 732. 740. 792. 794. 867. 890. 955 u. s. w.

[27] Die Purpurfarbe war bekanntlich ausschlieszlich den byzantinischen Kaisern vorbehalten. In einem Rescript Kaiser Leos I von 470 März 27 heiszt es: *Sacri affatus, quoscunque nostrae mansuetudinis in quacunque parte paginarum scripserit auctoritas, non alio vultu penitus aut colore, nisi purpurea tantummodo inscriptione lustrentur: scilicet ut cocti muricis et triti conchilii ardone signentur.* L. 6. Cod. De diversis rescriptis 1, 23. Unter den Karolingern finden wir nur bei Karl dem Kahlen das Monogramm in den Urkk. BRK. 1701 (vergl. Mabillon De re dipl. Suppl. 47) und dazu noch die Unterfertigung des Kanzler Gozlinus' BRK. 1803 (von Muratori fälschlich für † *vidimus* † gelesen) und 1809 (vergl. Mabillon De re dipl. 43) in Purpur geschrieben. — Mit Goldlettern soll bereits der Langobardenkönig Aripert Urkk. haben ausstatten laszen: *Hoc tempore Aripertus rex Langobardorum donationem patrimonii alpium Cottiarum* (apostolicae sedi) *restituit et hanc donationem aureis exaratam literis, Romam direxit.* Paulus diac. Hist. Lang. lib. 6, c. 28 (Muratori SS. 1ᵃ 499). Gleiches wird vom König Arnolf betreffs einer Urk. für das Bisthum Eichstädt (Mon. Boic. 31, 123) gemeldet: *Arnulfus quippe tunc temporis princeps eandem abbaciam* (Haserensem) *ad Eistatensem episcopatum regali donatione tradidit et cyrographo aureis litteris inscripto stabilivit.* Anonymus Haser. c. 8 (Mon. Germ. SS. 7, 256). Von den Königen Hugo und

Die geradlaufenden und gleichweit von einander abstehenden Zeilen verrathen die Griffelinien, womit der Regelmäszigkeit nicht geringer Vorschub geleistet wurde. — In der Schrift zeigt sich bald eine wesentliche Verbeszerung. Bekannt ist die Sorgfalt Karls des Groszen, die er besonders der Reform der Schrift angedeihn liesz.[28] Von S. Martinskloster zu Tours aus, besonders unter und seit Alkuins Wirksamkeit[29], entwickelte und verbreitete sich durch Verbindung der Cursive mit der antiken Uncialschrift die sogenannte Karolinger-Minuskel, die allmählig im ganzen Abendlande zur Herrschaft gelangte und sämmtliche Nationalschriften, wenn auch erst im Verlauf von Jahrhunderten, verdrängte. Viel und fleiszig wurde jetzt in allen Klöstern des ausgedehnten Reiches geschrieben[30] und es ist gewiss nicht ohne Einflusz auf die Ausbildung der Urkundenschrift geblieben, dasz gerade eine Reihe von Erznotaren unter Karl dem Groszen und Hludwig dem Frommen wie Hither, Fridugis, Theoto Aebte entweder unmittelbar von S. Martin zu Tours oder doch von Klöstern in dessen nächster Umgebung gewesen sind. Die Urkundenschrift bewahrte allerdings der Bücherschrift gegenüber und noch lange den Typus der Cursivform bei, doch ist der Einflusz der Minuskel nichts destoweniger unverkennbar.[31] Bei Karl dem Dicken bürgert sich das Minuskel a zunächst

Lothar von Italien führt Puricelli Ambr. Bas. desc. 282 eine Urk. (BRK. 1412) als in Goldbuchstaben geschrieben an.

[28] Cap. ecc. Aquisgr. von 789 März 23 § 71 heiszt es: *Et ut scolae legentium puerorum fiant. Psalmos, notas, cantus, compotum, grammaticam per singula monasteria vel episcopia* (discant) *et libros catholicos bene emendatos* (habeant), *quia saepe dum bene aliqui Deum orare cupiunt, sed per inemendatos libros male rogant. Et pueros vestros non sinite eos vel legendo vel scribendo corrumpere. Et si opus est euangelium psalterium et missale scribere, perfectae aetatis homines scribant cum omni diligentia* (Mon. Germ. Leg. 1, 64).

[29] Wattenbach Geschq. 94.

[30] Ein Beispiel geben die Gesta abb. Fontanell. c. 16 (Mon. Germ. SS. 2, 292).

[31] Doch ist die Urk. BRK. 746 die, auch ohne verlängerte Buchstabenschrift in der Anfangszeile, bis auf die Unterfertigung und Datierung ganz in reiner Bücherminuskel geschrieben ist, keineswegs zu verwerfen, denn sie stammt offenbar nicht aus der königlichen Kanzlei und wurde derselben nur zur Bestätigung durch königliche wie Notariatsunterschrift und Besieglung vorgelegt; deszhalb zeigen auch nur die letzten Zeilen, diese aber zweifelsohne, echte karolingische Kanzleischrift.

in die Datierungzeile ein [32]; das erste geschwänzte ę statt des Diphtongen ae fanden wir, abgesehen von Privatdiplomen [33], in Urkunden Hludwigs des Frommen [34] von 816 an. Zeigt sich schon in den Urkunden Pippins und Carlomanns, wenn auch noch völlig verschlungene Buchstabenschrift [35] doch eine entschiedene Worttrennung, so finden wir besonders seit den neunziger Jahren des achten Jahrhunderts in den Documenten Karls des Groszen bereits auch die einzelnen Buchstaben selbständiger gestaltet. Diese Schreibweise nimmt im Laufe des neunten Jahrhunderts immer mehr und mehr zu und verleiht besonders der Urkundenschrift Hludwigs des Frommen, Hludwigs des Deutschen und Arnolfs einen schöngehaltnen, leichtbewegten und schwungvollen Charakter. Um übrigens aus der Gleichheit der Schrift in Urkunden, die ein und derselbe Notar recogniert hat, schlieszen zu können, dasz dieser zugleich Schreiber derselben gewesen sei, müste zuvor noch eine umfaszende gleichzeitige Vergleichung einer gröszeren Menge von Documenten, als jetzt möglich ist, und zwar gruppenweise nach den verschiedenen Notaren wiederholt, vorgenommen werden, ehe ein bestimmtes Resultat darüber erzielt werden könnte. Auch die Reinheit der lateinischen Sprache bekundet einen unverkennbaren gewaltigen Fortschritt. In der Abkürzung wie in der Interpunktion wird jetzt bereits ein festes System befolgt sowol in der Bücher- wie in der Urkundenschrift [36], jedoch ist in der letzteren fast ausschlieszlich

---

[32] BRK. 949. 950. 955. 992. 1016 u. s. w. Die Urk. Karls des Groszen BRK. 123 mit Minuskel a noch dazu im Texte ist natürlich späteren Ursprungs.

[33] wie z. B. in pręcellentissimi regis in der Urk. Giselas, der Schwester Karls des Groszen von 799 Jun. 13 (Mabillon De re dipl. 389).

[34] BRK. 285: strata quę pergit, BRK. 385: aeternę u. s. w. Im ganzen aber selten und das häufige Vorkommen desselben in Urkk. Karls des Groszen, Hlothars I, Hludwigs des Deutschen wie BRK. 123. 124. 591. 778. Erhard Cod. Westf. 1, 20 würde allein schon bedeutend gegen die Echtheit derselben zeugen. — Das einfache e statt ae in der Invocation: In nomine sanctę (BRK. 821), hat sich gewiss nur in Folge eines Schreibfehlers eingeschlichen, deren überhaupt in den Urkk. nicht wenige anzutreffen sind z. B. BRK. 439. 766. 1144 u. s. w.

[35] Schon deszhalb sind alle Urkk. Pippins, die mit auffallender Buchstabentrennung geschrieben erscheinen wie BRK. 3. 24. höchst verdächtig.

[36] Vergl. Pertz im Arch. der Ges. 4, 520. Walter Lex. 1, dipl. Col. 453 ff

nur der einfache Punkt im Gebrauch. [37] In Betreff der Orthographie der Königsnamen steht fest, dasz Carlomann der Sohn Pippins stets mit C geschrieben wurde, während die Söhne Hludwigs des Deutschen und Hludwigs des Stammlers wenigstens in Originalen nur mit K geschrieben vorkommen. Bei Karl dem Groszen überwiegt das C in den Urkunden [38], auch alle echten Siegel haben durchweg C; dagegen beginnt das Monogramm desselben stets mit K. Die späteren gleichnamigen Herrscher Karl von Provence, Karl der Kahle, Karl der Dicke erscheinen in Urkunden wie auf Siegeln immer mit K geschrieben, nicht so durchgängig Karl der Einfältige. [39] Die Namen Hludwigs und Hlothars heben durchweg mit H an [40], das sich erst am Ende der Karolinger verliert. [41] So muss auch Arnolfus, Zuentebulchus, Chuonradus als die echte, urkundlich feststehende Schreibweise dieser Namen gelten. [42] Als Zahlen bediente man sich nur der römischen, wiewol am Hofe Karls des Groszen bereits die arabischen bekannt waren. [43] — Nicht minder grosz als in graphischer Beziehung ist die Umwandlung, die die Urkunden in ihrer ganzen Gliederung und Anordnung in dieser Epoche erfahren haben. Auch hier tritt wie überall zum erstenmal ein festes ordnendes Gesetz zum Vorschein, das über die Karolingerzeit hinaus durch mehrere Jahrhunderte wolthätig

[37] Ausnahmen bilden z. B. die drei übereinander gesetzten Punkte am Schlusze der Invocation oder des Titels in den Urkk. Karls des Dicken und Chuonrads I. BRK. 976. 1247.

[38] Mit K geschrieben finden wir ihn als König überaus selten (BRK. 62. 97. 125); öfter als Kaiser (BRK. 184. 199. 201), doch auch hier nicht selten mit C (BRK. 173. 197). Auf Münzen wechselt ebenfalls C mit K. Vergl. Müller Deutsche Münzgesch. 1, 192, wo übrigens Note 6 durch das eben Bemerkte zu berichtigen ist.

[39] Vergl. BRK. 1925. 1936. Bouq. 9, 503.

[40] Nur in offenbar gefälschten Urkk.: BRK. 711. 844. 1193. Erhard Cod. Westf. 1, 20. Beyer Mittelrh. Urkkb. 1, 54 u. s. w. fehlt das H.

[41] BRK. 2026. 2037 u. s. w.

[42] Aber nicht „Harnulphus" wie im angeblichen Original bei Herrgott Gen. 2 a. 52. — BRK. 1153. 1169 hat „Zuentibolchus" und „Zuentebolchus", die Siegelumschrift dieses Königs lautet aber Zuenteboldus (BRK. 1155. 1156). — „Cuonradus" in BRK. 1236 halten wir für einen Schreibfehler, auch heiszt es richtig am Schlusze: *Signum Chuonradi serenissimi regis*.

[43] Bethmann im Arch. der Ges. 9, 623.

wirkte. Ihm verdanken wir die specifisch äuszere Gestalt, wodurch sich die Kaiserdiplome von allen übrigen so bestimmt kennzeichnen. Schlieszen sich auch die Documente Pippins, Carlomanns und zum Theil noch Karls des Groszen insofern an die Traditionen der Merovinger an als auch hier die erste Zeile zunächst nur den Namen und Titel des Herrschers mit vergröszerter und erweiterter Buchstabenschrift hervorhebt, sich aber noch im Verlauf ihres Textes in die gewöhnliche Schreibweise verliert [44], so wird bereits unter Rado, dem zweiten Erznotar Karls des Groszen, die ganze erste Zeile durchweg mit verlängerter Schrift geschrieben und dieses Verfahren bleibt von nun an gleichsam Gesetz für alle königlichen und kaiserlichen Urkunden [45], was gewiss in hohem Grade von einem feinen ästhetischen Gefühl für äuszere Ausstattung Zeugniss ablegt.[46] Nicht minder genau bestimmt ist die Art und Weise, wie der Platz für die Bestätigungunterfertigung des Regenten und für die Recognition der Kanzlei, beides geschieht nämlich stets in verlängerter Schrift und zwar links durch den König oder Kaiser — mehrere unterzeichnen untereinander [47] — und rechts davon bald in gleicher Linie, bald oberhalb, bald unterhalb derselben durch die Notare. [48] Die Datierungzeile bildet für

[44] Dagegen verstoszen die gefälschten Urkk. wie BRK. 3, 24, wo die ganze erste Zeile wie alle übrigen gleichmäszig geschrieben erscheint.

[45] BRK. 148. 184. 197. 201 u. s. w. Ausnahmen finden sich sehr selten wie z. B. eine solche, oben Note 31 erwähnt wurde. Dagegen müssen als gewiss gefälscht jene Urkk. betrachtet werden, deren erste Zeile nur zur Hälfte mit verlängerter Schrift geschrieben ist wie BRK. 591.

[46] Wie beschämend für manche typographische Anstalt unsrer Tage, die sich an jenen Urkk. ein Muster nehmen könnte und in Aufschriften und Titeln sich ebenso richtiger und harmonischer Satzformen d. h. einer durchgängig gleichgearteten Initialenschrift, vor allem bei lateinischem Drucke, bedienen sollte, statt, wie das leider nur allzuoft geschieht, jedes ästhetischen Sinnes baar, in buntem Durcheinander die verschiedenartigsten Schriftcharaktere, sogar lateinische und deutsche Lettern gleichzeitig zusammenzuwürfeln, um allenfalls den Reichthum und die Mannigfaltigkeit ihrer Letternkasten, aber auf die abgeschmackteste Weise zur Schau zu tragen. Die Schriftsteller selbst sollten strenge darauf achten, um solchem Unfuge endlich zu steuern.

[47] BRK. 385. 390. 813. 955 u. s. w. Ausnahmweise BRK. 1809.

[48] Niemals aber so völlig verwirrt und regellos wie in den gefälschten Documenten BRK. 591. 771. 778. Von echten Urkk. haben wir nur eine ein-

sich, wie bei den Merovingern, den Schlusz der Urkunde. [49] — An tironischer Notenschrift sind gerade sowol Privat- [50] wie Staatsurkunden [51] der eigentlichen Karolingerperiode reich und dieselbe ist besonders unter Karl dem Groszen und Hludwig dem Frommen sehr rein und klar gehalten. Seit den Zeiten Kaiser Arnolfs verliert sich ihre Bedeutung immer mehr und im zehnten Jahrhundert bleibt schlieszlich nur noch ein unverständlicher Zierrath als Rest derselben übrig, bis endlich auch der ganz verschwindet. Nur das C. des spätern Chrismon erinnert dauernd an das alte tironische Zeichen [52] und tritt in Deutschland zum erstenmale deutlicher um 859 unter Hludwigs des Deutschen Kanzler Witgar und dessen Notar Hebarhard hervor [53], während in Frankreich, das sich überhaupt, wie wir noch sehen werden, in der Wahrung der alten Formen viel conservativer zeigt, die ursprüngliche Gestalt desselben noch längere Zeit beibehalten blieb. Wenn indeszen in den Urkunden Pippins, Carlomanns und Karls des Groszen die Abwesenheit des Chrismon vor der Invocation wie vor der Kanzleirecognition und der Mangel eines Subscriptionzeichens

zige Ausnahme von diesem Gesetze kennen gelernt BRK. 747. Auch die Unterfertigung der Kanzlei unter dem königlichen Bestätigungzeichen wie z. B. in der falschen Urkk. Karls des Dicken BRK. 1014, gehört zu den gröszten Seltenheiten BRK. 15. 1954 u. s. w. und wird erst in später Zeit Gesetz.

[49] Ganz unerhört dagegen BRK. 591. 778. — Erst in später Karolingerzeit und auch nur ausnahmweise z. B. BRK. 2051.

[50] Kopp Pal. crit. 1, 383. 385. 406. 407. 408. 409.

[51] In Kopp Pal. crit. 1, 378—414 sind die tironischen Noten der folgenden echten Karolingeroriginalen aufgelöst BRK.: 30. 77. 110. 125. 173. 197. 201. 285. 324. 334. 341. 347. 353. 385. 392. 440. 478. 489. 494. 495. 687. 732. 735. 743. 745. 759. 1035. 1191. 1223. 1247. 1589. 1603. 1649. 1690. 1711. 1767. 1779. 2069 und von der Urk. bei Mabillon De re dipl. 525. — Übrigens haben sich noch in der spätern Schrift einige Abkürzungzeichen erhalten, die sich höchst wahrscheinlich auf tironische Notenschrift zurückführen laszen, wie ⊔ = enim, ⊇ = esse, ∼ = est, ⸗ = et, ⸗⊔ = etenim u. s. w. Vergl. Walter Lex. dipl. 1, Col. 439 ff. Chassant Dict. des abbrev. 105.

[52] Vergl. Walter Lex. dipl. 1, Col. 451. Nouv. trait. dipl. Taf. 73. 1.

[53] BRK. 792. 794. 801. 813. 818. 821 u. s. w. Dagegen wird das frühere Vorkommen desselben in Urkk. z. B. Karls des Groszen, Hludwigs des Frommen, wie BRK. 124, 171. 361 u. s. w. gerechten Verdacht erregen, ebenso wie die Anwendung irgend eines andern Zeichens statt desselben, z. B. eines Kreuzes in BRK. 340.

der Notare in tironischer Notenschrift allerdings Zweifel gegen die Echtheit derselben begründen kann [54], so gilt diesz keineswegs gleichmäszig auch für die folgenden Zeiten. Das Chrismon vor der Recognition hört um 849, wenigstens in Deutschland gänzlich auf [55] und selbst vor der Invocation verschwindet es oft auf längere Zeit. [56] Aehnliches gilt übrigens auch hinsichtlich der Notariatsunterfertigungen in tironischen Noten. Mögen dieselben aus allerdings leichterklärlichen Gründen öfter in gefälschten Urkunden fehlen [57], so bleibt doch jedenfalls der Schlusz, der aus ihrer Abwesenheit mit Nothwendigkeit die Unechtheit einer Urkunde folgern will, ebenso gewagt [58], wie es anderseits voreilig erscheinen muss, wegen der, allenfalls von den bisjetzt entzifferten Noten abweichenden tironischen Schrift gleich eine Fälschung des betreffenden Documentes anzu-

[54] Wie diesz z. B. bei BRK. 3. 123. 171 der Fall ist. Das Recognitionchrismon in der falschen Urk. BRK. 207 ist irrthümlich unmittelbar nach dem Monogramm des Kaisers statt vor der Notariatsunterzeichnung angebracht.

[55] BRK. 745. 757. 766. 767. 781. 784. 786. 792. 794 u. s. w. In Lothringen und Frankreich dauert dagegen der Gebrauch desselben noch etwas länger fort BRK. 687. 697. 1796. 1809. 1847. Nicht selten steht noch ein drittes Chrismon vor der Datierungzeile wie BRK. 254. 285. 324. 341. 589. 1809 oder wie in Urkk. Hludwigs des Deutschen und Karls des Dicken vor dem fürstlichen „Signum" BRK. 753. 976. 1012.

[56] So finden sich z. B. während der Regierung Hludwigs des Frommen und Hludwigs des Deutschen besonders in den dreisziger Jahren des neunten Jahrhunderts unter den Erznotaren Theoto, Hugo, Gozbald und Grimald eine Menge von Urkk. ohne Anfangschrismon BRK. 343. 347. 385. 399. 408. 429. 438. 439. 440. 442. 444. 478. 494. 495. 497. 505. 721. 722. 724. 725. 727. 732. 735. 736. 737. 738 u. s. w., dasz wir beinahe genöthigt werden für jene Zeit das Gegentheil als Ausnahme zu betrachten BRK. 424. 482. Auch fehlt dasselbe Chrismon nicht selten in spätern, unzweifelhaft echten Urkk. BRK. 589. 840. 842. 1820. 2037 u. s. w.

[57] Wie das Kopp Pal. crit. 1, 429 nachweist betreffs der Urkk. BRK. 171. 361. 451. 602. 880ᵇ. Acta SS. Apr. 2. Propyl. u. s. w. In BRK. 1829 sind tironische Noten sogar ausnahmweise in der ersten Urkundenzeile, am Schlusz des königlichen Titels angebracht.

[58] Wie wir uns selbst aus den Originalen BRK. 753. 757. 792. 894. 950 u. s. w. überzeugt haben und die wir genöthigt sind, trotz ihrer fehlenden tironischen Notariatsbemerkungen, für vollkommen echt zu halten.

nehmen.[59] Die tironische Schrift war eine Geheimschrift und durchaus nicht allgemein verbreitet, deszhalb konnte es leicht geschehn, dasz ein Neuling in der königlichen Kanzlei derselben entweder völlig unkundig, sie gar nicht, oder doch in ihr unerfahren und ungeübt, sie nicht vollkommen richtig angewendet habe. Wir werden in dieser Ansicht bestärkt durch das nähere Beachten und Verfolgen der Urkunden gerade jener Notare, bei denen sich eine Abweichung von der Regel gezeigt hat. Uns drängte sich dabei die Ueberzeugung eines consequenten Verfahrens derselben auch in all' ihren übrigen Urkunden mit aller Bestimmtheit auf [60] und

[59] Wie es Kopp Pal. crit. 1, 431 mit BRK. 781. 794. 804 oder wol gar mit sämmtlichen karolingischen Urkk. des Kloster Niederaltaichs thut. Dagegen sind mit Recht schon wegen falscher tironischer Schrift von Kopp die Urkk. BRK. 124. 207. 493. 591. 760. 778 und Mabillon De re dipl. 515 verworfen worden. Die Echtheit von BRK. 339 und 784 dürfte dadurch im Verein mit noch andern Bedenken nicht wenig erschüttert werden.

[60] So fehlen z. B. in einer Brixner Urk. (BRK. 753) desselben Notar Reginberts, dessen Würzburger Privileg (BRK. 757) Kopp aus Mangel an tironischen Noten verworfen hat, ebenfalls sämmtliche tironische Noten, ohne dasz eine unbefangene Untersuchung irgend etwas gegen die Echtheit jenes Documentes einzuwenden hätte, während dagegen gerade ein unterschobnes Machwerk mit Reginberts Namen (BRK. 760) tironische Schrift, wenn auch gefälscht, aufzuweisen hat. Deszgleichen finden wir dieselben tironischen Noten, die Kopp in des Notar Hebarhards Ausfertigung der Niederaltaicher Urk. (BRK. 804) als verworrnes Unding tadelt und weszhalb er über dieselbe den Stab bricht, genau ebenso in des nämlichen Hebarchards Recognition der Kemptner, Mettner Urkk. (BRK. 801. 813. 818 u. s. w.), deren Echtheit doch gewiss auszer allem Zweifel steht. Ohne deszhalb den groszen Verdiensten Kopps nahe treten zu wollen, glauben wir uns doch nach dem Gesagten zur Äuszerung berechtigt, dasz der Stoff, aus welchem hier geschöpft werden kann, noch lange nicht in so ausreichendem Masse benutzt worden ist, um über diesen Gegenstand mit voller Sicherheit aburtheilen zu können. Kopp hat die tironische Schrift von kaum fünfzig Karolingerurkk. entziffert und allein an Königs- und Kaiseroriginalen stehn uns aus jenen Zeiten in Deutschland und Paris über fünfhundert zu Gebote. Da dürfte sich noch vieles anders gestalten. Sollte sich vielleicht nicht auch, wie bei der gewöhnlichen Schrift, ein Unterschied zwischen den tironischen Noten der Bücher und der Urkunden ergeben? Soviel steht übrigens fest, dasz bei derlei Untersuchungen jedenfalls auf den jeweiligen Schreiber strengstens wird Rücksicht genommen werden müssen, wenn ein sichres Resultat erzielt werden soll. Der Einflusz des Schreibers auf die Urkk. ist überhaupt

nöthigte uns somit selbstverständlich zur gröszten Vorsicht bei Beurtheilung von derlei Verhältnissen. Uebrigens finden wir auch in den Karolingerurkunden wie bei den Merovingischen tironische Notenschrift auf der Rückseite derselben geschrieben, wodurch uns oft näherer Aufschlusz über den Inhalt des Documentes selbst geboten wird. [61] Der Urkundentext läuft unverkennbar und interessant zu beobachten; so ist z. B. in den Urkk. Arnolfs die Schreibweise des Namens des Erzkapellan Theotmars in der Regel verschieden je nachdem der Notar Ernust oder der Notar Engilpero die Urkk. recognicren, bei ersterem heiszt es fast immer *ad vicem Theotmari* (BRK. 1026. 1034. 1045. 1068. 1116. Mohr Cod. Raet. 1, 51. ˙Dümge Reg. Bad. 81. 82), bei letzterem dagegen *ad vicem Deotmari* (BRK. 1052. 1096. 1114. 1115. 1132. 1136. 1144) u. s. w.

[61] Kopp Pal. crit. 1, 427 zu den Urkk. 1706. 1831 und besonders 1891. Für die Geschichte der Urkk. sind diese Notizen auf der Kehrseite eines Documentes, meist Archivbezeichnungen enthaltend, oft von nicht geringer Wichtigkeit. Einen schlagenden Beweis dafür lieferte Meiller Reg. der Babenb. S. 192 zur Note 14 (vergl. auch Wattenbach Die öst. Freiheitbriefe im Arch. für Kunde öst. Geschq. 8, 86). Auch für das ursprüngliche Zusammenlegen und Aufbewahren der Urkk. gibt die gleichzeitige Aufschrift auf der Rückseite oft interessanten Aufschlusz. So beweist z. B. der Auszug: *traditio hludouici ad him* || *enstat* der Urkk. BRK. 505, der über die zusammenstoszenden Enden des gefalteten Pergaments fortlaufend geschrieben ist, dasz gleich ursprünglich dieses Document auf diese Weise zusammengelegt worden ist. Wir möchten darum am zweckmäszigsten gleich hier ein Wort über die Behandlung beschädigter Originale einschalten, wie wir sie in den meisten Archiven Deutschlands angetroffen haben. Zunächst müssen wir uns direct und auf das bestimmteste gegen das Aufkleben der Urkk. auf Linnen, Pergament oder Papier erklären. Abgesehn von der Gefahr, die während dieser Operation sowol der Urkunde wie dem Siegel gleichmäszig droht, leidet schon in der Regel die Schrift durch die durchschlagende Feuchtigkeit und vollends geht die Einsicht in die eben erwähnten Notizen der Rückseite verloren. Nur in einem einzigen Archive, nämlich der freien Stadt Frankfurt, haben wir eine wahrhaft zweckmäszige Aufbewahrungart ihrer ältesten Urkk. gefunden, die besonders für alle beschädigten Exemplare dringend anzuempfehlen ist. Jede Urkunde nämlich ist am Rande mittelst Bindfadens leicht auf den Boden eines eigens für sie verfertigten Cartons angeheftet derart, dasz sie vor jeder weitern Zerstörung auf das vollkommenste geschützt bleibt, ohne dasz nur ein einziger der gerügten Nachtheile daraus erwachsen würde. Aber freilich, wozu solch' übertriebne Sorgfalt für diese verwitterten Pergamente ohne Rechtstitel, da ja die Welt jetzt auf ganz andern Grundlagen ruht?

niemals, selbst nicht bei den umfangreichsten Privilegien, auf der Rückseite des Pergaments fort, sondern man hat sich in solchen Fällen durch grüszeres Format und engeres Schreiben geholfen [62]; Zusätze aber zu den Urkunden sind manchmal mittelst besonderer Pergamentstreifen denselben angeheftet. [63] Oefter stehn allerdings auch ganze Urkunden auf der Rückseite eines Originals geschrieben, aber stets von späterer Hand und können also nur für Copien gelten. [64] Dagegen kommen nicht selten gleichzeitig geschehne, doppelt und dreifache, selbständige Ausfertigungen ein und derselben Urkunde vor und diese müssen allerdings sämmtlich als Originale betrachtet werden. [65] Auch fehlt es nicht an Radierung des Perga-

[62] Die Urkk. BRK. 1706 zählt vierzig Zeilen.

[63] BRK. 1079. 1253.

[64] BRK. 438. 1080. 1129. 1206 u. s. w., wie auch schon in Merovingerurkk. Breq. Pard. 279. 294. 327. 330. vergl. auch Letronne Dipl. et chartae (Textabdruck) S. 9. 12. 16.

[65] So heiszt es ausdrücklich z. B. in der Urk. Hludwigs des Frommen BRK. 238: *Cuius constitutionis in unaquaque civitate ubi predicti Hispani habitare noscuntur, tres descriptiones esse volumus...*, dann BRK. 270: *ac de hac constitutione nostra septem praecepta uno tenore conscribere iussimus, quorum unam in Narbona, alteram in Carcassona etc. ...*, ferner BRK. 427: *duas inde pari tenore conscriptas firmationes fieri iussimus...* u. s. w. Von Hludwig dem Deutschen wird 854 bei Schlichtung eines Streites zwischen St. Gallen und dem Bischofe von Konstanz erzählt: *His vero ita a clementi rege omni cum consensu compositis, iussit idem rex suae auctoritatis praeceptum utrique parti ad perpetuam confirmationem istius pacti statim in praesenti conscribi.* Ratperti Cas. S. Galli c. 8 (Mon. Germ. SS. 2, 69). Es sind uns auch mehrere Urkk. in doppelter und dreifacher Originalausfertigung noch erhalten wie BRK. 745 (das zweite Exemplar hat jüngst Prof. Contzen in Würzburg entdeckt), BRK. 949 (vergl. Böhmer Cod. Moeno-Frankf. 1, 5 Note 1), BRK. 1770 (vergl. Pertz Arch. der Ges. 7, 839) u. s. w. Was wir transumierte Urkk. in der spätern Zeit zu nennen gewohnt sind, treffen wir bei den Karolingern nicht, wenn sie gleich oft ganze Stellen verbotenus aus den Urkk. ihrer Vorgänger entlehnt haben, z. B. BRK. 568. 686. 1040. 1740. 1831 u. s w. Nur in einer falschen Urkk. Hludwigs des Frommen (Muratori SS. 2ᵇ h86) findet sich ein Privileg seines Sohnes Hlothars I und dann in einem Gerichtsspruch (BRK. 1395), der in Anwesenheit der italischen Könige Hugo und Lothar 935 Sept. 18 gefällt wurde, finden sich zwei Karolingerurkk. (BRK. 925 und 1386) ganz eingeschaltet.

ments ⁶⁶, ohne dasz deszhalb gleich ein derartiges Privileg für gefälscht gehalten werden müste.

Die Abweichungen, die die Urkunden in der Uebergangsepoche von dieser karolingischen Norm äuszerer Gesetzmäszigkeit erfahren haben, sind zum gröszern Theil bereits erwähnt worden und treten hier weniger bedeutend denn bei den eigentlichen Curialien hervor. Im allgemeinen zeigt sich eine Fortbildung der Schrift zur festen Minuskel, die Lettern werden kleiner, das ganz geschloszne cursive *a* wie das Minuskel a, dann das geschwänzte ę häufiger, die Orthographie der Königsnamen schwankt, die Gliederung der Urkundenformen ist nicht immer gleichmäszig streng eingehalten und die tironischen Noten fallen fast ganz fort u. s. w. In solch' äuszerer Gestalt überkamen die deutschen Herrscher des sächsischen Hauses die Urkunden der Karolinger.

Da übrigens ebensowenig wie bei Gemälden, ja vielleicht in noch geringerem Masze bei Schriftzügen durch Beschreibung eine deutliche Vorstellung gewonnen werden kann, fügen wir hier das Verzeichniss der Facsimile der Merovinger- und Karolingerurkunden an und können nur bedauern, dasz uns nicht durchweg so treffliche Abbildungen zu Gebote stehn, wie sie z. B. Schöpflin, Kopp und Letronne geliefert haben. Die Kopp'sche Facsimile-Sammlung, jetzt Eigenthum des k. k. Instituts für österreichische Geschichtforschung zu Wien, haben wir durch die gütige Vermittlung Professor Sickels einsehn und benutzen können. Da fast von allen ihren Facsimile, mit geringer Ausnahme (BRK. 77. 124. 207. 285. 385. 591. 687 und 1247) noch die Kupferplatten vorhanden sind, so dürften wol Abdrücke später veröffentlicht werden. — Im Ganzen steht uns also ein kleiner Facsimile-Codex von 164 Merovinger- und Karolinger-Urkunden zu Gebote, umfangreich genug, um uns über den Entwicklunggang der Schrift und äuszern Formen im allgemeinen und auf das nothwendigste zu unterrichten. Am besten ist die Merovingerepoche vertreten, hier liegen uns alle noch erhaltenen Originale facsimiliert vor. Von den Karolingern stehn die ost- und westfränkischen oben an, denn von den deutschen Herrschern sind sämmtliche vertreten und von den französischen fehlt eigentlich nur Karlomann (von Robert ist uns überhaupt

---

⁶⁶ Wie wir uns selbst aus den echten Originalen (BRK. 727. 1052. 1122 u. s. w.) überzeugt haben.

kein erhaltenes Original bekannt). Dagegen läszt Burgund noch viel zu wünschen übrig und besonders schlecht stellt sich dieses Verhältniss bei Italien heraus, dessen Reichthum an Urkunden karolingischer Fürsten nur durch zwei Exemplare (BRK. 541. 1278) vertreten ist. Zugleich bemerken wir ein für allemal, dasz wir das ganze Werk hindurch sämmtliche Urkunden, sofern wir sie für gefälscht, interpoliert und überhaupt verdächtig halten und erklären, mit einem Sternchen (*) bezeichnet haben, um sie dadurch recht deutlich hervorzuheben und gleich auf den ersten Blick kenntlich zu machen.

Wir laszen zunächst die Facsimile der Merovinger- dann der Karolingerurkunden folgen und zwar letztere in derselben Ordnung, wie sie Böhmer in den Reg. Kar. verzeichnet hat, und werden die einzelnen Gruppen: ungetheiltes Frankenreich, lotharingische, deutsche, italienische, burgundische, französische, aquitanische Karolinger durch Querstriche von einander trennen.

Facsimile der Merovinger-Urkunden:

*558 Dec. 6. Urk. Childeberts I über die Stiftung des Klosters S. Vincenz (St. Germain-des-Prés) bei Paris. Nouv. traité dipl. Taf. 67. Letronne Dipl. et chart. Merov. aet. Taf. 1. (Breq.-Pard. 163).

* 583 (606) Mai 5. Urk. Chilperics I für das Kloster S. Lucian zu Beauvais. Nouv. traité Taf. 66 mit Siegelabb. — (Breq.-Pard. 190).

627 . . . . Urk. Chlothars II, dem Kloster St. Denis bei Paris die Schenkung eines gewissen Johann bestätigend. Mabillon Suppl. libr. de re dipl. 69. Nouv. traité Taf. 90. Letronne Dipl. Taf. 3. (Breq.-Pard. 243).

628 . . . . Urk. Dagoberths I für die Brüder Ursinus und Beppolenus. Mabillon Suppl. 70. Nouv. traité Taf. 66. Silvestre Pal. univ. 3, 63. Letronne Dipl. 4. — (Breq.-Pard. 245).

*633 Apr. 4. Urk. Dagoberts I für S. Maximin zu Trier. Acta SS. Apr. 2, Propyl. mit Siegelabb. Kollar Ann. Vind. 1, 1027 mit Siegelabb. Baring Clav. dipl. 243 mit Siegelabb. — (Breq.-Pard. 260).

637 . . 15. Urk. Dagoberths I, worin er St. Denis bei Paris die Villa Ecouen schenkt. Mabillon de re dipl. 374. Letronne Dipl. 5. (Breq.-Pard. 279).

*637 Jul. 29. Urk. Dagoberts I, dem Kloster St. Denis bei Paris allgemeine Immunität bestätigend. Letronne Dipl. 6. — (Breq.-Pard. 282).

640 .... Urk. Chlodovius' II, dem Kloster St. Denis bei Paris Crouy schenkend. Mabillon Dipl. 377. Letronne Dipl. 7. — (Breq.-Pard. 291).

653 Jun. 22. Urk. Chlodovius' II für St. Denis bei Paris, die Rechte und Freiheiten desselben bestätigend. Mabillon Dipl. 376. Wailly Pal. 2, 264 Taf. 11. Letronne Dipl. 8 (fälschlich mit 9 bezeichnet). — (Breq.-Pard. 322).

656 .... Urk. Chlodoveus' II für die Matrone Amanchildis. Letronne Dipl. 9. — (Breq.-Pard. 327).

657 .... Urk. Chlotars III für die Matrikularen von St. Denis bei Paris. Letronne Dipl. 10. — (Breq.-Pard. 330).

658 .... Urk. Chlotars III für St. Denis bei Paris, die Villa Thorigné betreffend. Letronne Dipl. 11. — (Breq.-Pard. 331).

658 .... Urk. Chlotars III, dem Kloster St. Denis bei Paris Sargé, Toury u. s. w. zuerkennend. Letronne Dipl. 12. — (Breq.-Pard. 332).

659 .... Urk. Chlotars III, einen Streit zwischen Rouen und S. Denis zu Paris schlichtend. Mabillon Dipl. 377. Letronne Dipl. 13. (Breq.-Pard. 334).

*670 Jul. (29). Urk. Childerics II, dem Kloster St. Denis bei Paris die Villa Viplaix schenkend. Letronne Dipl. 15. — (Breq.-Pard. 362).

*673 Mrz. 4. Urk. Childerics II für S. Gregor im Elsasz. Schöpflin Als. dipl. 4. — (Breq.-Pard. 368).

*675 Aug. 26. Urk. Dagoberts II, die Stiftung des Klosters S. Irmin bei Trier betreffend. Acta SS. Apr. 2, Propyl. mit Siegelabb. Baring Clav. dipl. 243 mit Siegelabb. — (Breq.-Pard. 378).

677 Sept. 12. Urk. Theuderics III für den Diacon Chainon (von St. Denis bei Paris). Silvestre Pal. 3, 65. Letronne Dipl. 16. — (Breq.-Pard. 397).

677 Sept. (15). Urk. Theuderics III für den abgesetzten Bischof Chramlinus von Embrun. Mabillon Dipl. 381 mit Siegelabb. Letronne Dipl. 17. — (Breq.-Pard. 388).

680 Jun. 30. Urk. Theuderics III, einen Streit zwischen Achildis und Amalgarius beilegend. Letronne Dipl. 18 mit Siegelabb. — (Breq.-Pard. 394).

681 .... Urk. Theuderics III, Zollfreiheit dem St. Denis bei Paris ertheilend. Letronne Dipl. 19. — (Breq.-Pard. 397).

690 Oct. 30. Urk. Theuderics III, dem Kloster St. Denis bei Paris die Villa Lagny-le-Sec bestätigend. Mabillon Dipl. 379. Letronne Dipl. 20a. — (Breq.-Pard. 410).

691 Aug. 12. Urk. Chlodovius' III, einen Streit zwischen Chrotchar und Chuneberct schlichtend. Letronne Dipl. 24 mit Siegelabb. (Breq.-Pard. 418).

692 Mai 5. Urk. Chlodovius' III, einen Streit zwischen Chainon dem Abt in St. Denis bei Paris und dem Abt Ermenoald begleichend. Silvestre Pal. 3, 65. Letronne Dipl. 25. — (Breq.-Pard. 424).

692 Juni 5. Urk. Chlodoveus III, Zollfreiheit für St. Denis bei Paris enthaltend. Letronne Dipl. 26. — (Breq.-Pard. 425).

692 Nov. 1. Urk. Chlodovius' III, dem Kloster St. Denis bei Paris die Schenkung der Villa Noisy-sur-Oise bestätigend. Letronne Dipl. 27. — (Breq.-Pard. 429).

693 Feb. 28. Urk. Chlodovius' III zu Gunsten Ingramnus' gegen Amalbercht. Mabillon Dipl. 381 mit Siegelabb. Letronne 28 mit Siegelabb. (Breq.-Pard. 431).

695 Dec. 13. Urk. Childeberths III, dem Kloster St. Denis bei Paris die Villa Nançay schenkend. Mabillon Dipl. 383. Letronne Dipl. 29. — (Breq.-Pard. 433).

695 Dec. 23. Urk. Childeberths III, dem Kloster St. Denis Hordinio in Le Beauvoisis bestätigend. Letronne Dipl. 30 mit Siegelabb. (Breq.-Pard. 434).

696 Apr. 8. Urk. Childeberts III, dem Kloster Tussonval die Immunität verleihend. Letronne Dipl. 32. — (Breq.-Pard. 436).

697 Mrz. 14. Urk. Childeberchts III, dem Kloster Tussonval die Villa Noisy-sur-Oise zuerkennend. Letronne 33ᵃ mit Siegelabb. — (Breq.-Pard. 440).

697 Apr. 3. Urk. Childeberths III für S. Maria zu Argenteuil. Nouv. traité Taf. 91. Silvestre Pal. 3, 67. — (Breq.-Pard. 441).

703 Feb. 25. Urk. Childeberths III für S. Vincenz (S. Germain-des-Prés) bei Paris. Mabillon Suppl. 69. Nouv. traité Taf. 66. Letronne 35. — (Breq.-Pard. 456).

709 Apr. 8. Urk. Childeberchts III für den Cleriker Audoinus. Mabillon Dipl. 385 mit Siegelabb. Letronne Dipl. 36 mit Siegelabb. (Breq.-Pard. 473).

710 Dec. 13. Urk. Childeberths III, dem Kloster St. Denis bei Paris den Marktzoll bestätigend. Letronne Dipl. 37. — (Breq.-Pard. 477).

710 Dec. 14. Urk. Childeberths III, dem Kloster St. Denis bei Paris die Mühle zu Lagny-le-Sec zuerkennend. Letronne Dipl. 38. — (Breq.-Pard. 478).

711 Feb. 10. Urk. Childeberths III für einen gewissen Ragnesind. Nouv. traité Taf. 66. — (Breq.-Pard. 479).

716 Feb. 29. Urk. Chilperichs II, dem Kloster St. Denis bei Paris allgemeine Immunität ertheilend. Letronne Dipl. 39. — (Breq.-Pard. 495).

716 Mrz. 5. Urk. Chilperichs II, dem Kloster St. Denis bei Paris Immunität und Zollfreiheit bestätigend. Letronne Dipl. 40 mit Siegelabb. — (Breq.-Pard. 496).

716 Mrz. 7. Urk. Chilperichs II, dem Kloster St. Denis bei Paris die Hälfte von Baisu-la-Forêt schenkend. Silvestre Pal. 3, 71. Letronne Dipl. 41. — (Breq.-Pard. 497).

716 Mrz. 16. Urk. Chilperichs II, worin er dem Kloster St. Denis bei Paris hundert Kühe aus dem Gefälle von Le Maine schenkt. Letronne Dipl. 42. — (Breq.-Pard. 498).

717 Feb. 28. Urk. Chilperichs II, womit er dem Kloster St. Denis bei Paris den Forêt du Rouvray (de Saint-Cloud) bestätigt. Mabillon Dipl. 385 mit Siegelabb. Nouv. traité Taf. 91. Letronne Dipl. 43. — (Breq.-Pard. 504).

*727 Jul. 12. Urk. Theoderics IV für das Kloster Murbach im Elsasz. Schöpflin Als. dipl. 7 mit Siegelabb. Kopp Facsim.-Sammlung 25 mit Siegelabb. — (Breq.-Pard. 542).

750 Jun. 20. Urk. des Majordomus Pippins für St. Denis bei Paris, Curbrio in der Normandie betreffend. Mabillon Dipl. 385 mit Siegelabb. Wailly Pal. 2, 264 Taf. 11. Letronne Dipl. 45. — (Breq.-Pard. 604).

(751) . . . . Urk. des Majordomus Pippins, dem Kloster St. Denis bei Paris umfaszende Güterbestätigung ertheilend. Silvestre Pal. 3, 71. Letronne Dipl. 46. Siegelabb. bei Wailly Pal. 2, 338 Nr. 4. (Breq.-Pard. 618).

Facsimile der Karolinger-Urkunden:

*752 Jun. . . Pippin bestätigt dem Erzb. Bonifaz von Mainz die Stiftung des Klosters Fulda. Eckhart Comm. de reb. Franc. orient. 1, 554. Schannat Dioec. Fuld. 234 mit Siegelabb. Schannat Vindic. dipl. Taf. 3 mit Siegelabb. Nouv. traité Taf. 67. Frgt. Schönemann Vers. eines Systems der Dipl. 1, Taf. 10. Nr. 2. Kopp Facs.-Samml. 20 mit Siegelabb. — (BRK. 3).

759 Oct. 23—30. Pippin entscheidet einen Streit zwischen St. Denis und dem Grafen Gerhard. Silvestre Pal. 3, 71. — (BRK. 14).

760 Jun. . . Pippin schenkt dem Kloster Fulda die Villa Thininga. Eckhart Comm. 1, 554. Kopp Facs.-Samml. 22. — (BRK. 15).

766 Jul. . . Pippin schenkt Fulda die Villa Umstadt. Kopp Facs.-Samml. 21 mit Siegelfrg. — (BRK. 22).

*768 Jul. . . Pippin bestätigt dem Kloster S. Hilarius zu Poitiers Steuerfreiheiten. Nouv. traité Taf. 67 Frgt. Schönemann System einer Dipl. 1, Taf. 10 Nr. 3. — (BRK. 24).

768 Sept. 23. Pippin bestätigt dem Kloster St. Denis Güter zu Gemar, St. Bilt u. s. w. Mabillon Dipl. 387 mit Siegelabb. — (BRK. 27).

768 Sept. . . Pippin schenkt St. Denis Forêt Iveline. Nouv. traité Taf. 92. (Bouquet SS. 5, 707).

769 Mrz. 22. Carlomann ertheilt dem Kloster S. Gregorienthal im Elsass das Recht Fiscalgüter zu erwerben. Schöpflin Als. dipl. 1, 42. Kopp, Facs.-Samml. 35. — (BRK. 29).

769 Mrz. . . Carlomanns Urk. für den Abt Fulrad von St. Denis. Mabillon Dipl. 387 mit Siegelabb. — (BRK. 30).

769 Nov. . . Carlomann bestätigt den Nonnen zu Argenteuil ihre Rechte. Nouv. traité Taf. 92. — (BRK. 32).

772 Jan. 13. Karl der Grosze bestätigt dem Kloster Murbach die Immunität. Schöpflin Als. dipl. 1,44 mit Siegelabb. Schönemann Syst. der Dipl. 1, Taf. 5 Nr. 2. Kopp Facs.-Samml. 24 mit Siegelabb. — (BRK. 45).

772 Oct. 20. Karl der Grosze bestätigt St. Germain-des-Prés die Immunität. Mabillon Dipl. 387 mit Siegelabb. Heumann Comm. de re dipl. imperator. 1, Taf. 1. — (BRK. 49).

775 Jan. 5. Karl der Grosze verleiht dem Kloster Hersfeld Immunität und Schutz. Kopp Facs.-Samml. 2. — (BRK. 63).

775 Jan. 5. Karl der Grosze schenkt dem Kloster Hersfeld den Zehnten zu Salzungen. Kopp Facs.-Samml. 3. — (BRK. 64).

775 Aug. 3. Karl der Grosze schenkt dem Kloster Hersfeld den Zehnten zu Milingen. Kopp Facs.-Samml. 4. — (BRK. 76).

775 Oct. 25. Karl der Grosze schenkt dem Kloster Hersfeld den Zehnten zu Aplast. Kopp Pal. crit. 1, 379. Kopp Facs.-Samml. 5. (BRK. 77).

*776 Oct. 21. Karl der Grosze schenkt dem Kloster Hersfeld die Kirchen und Zehnten zu Altstädt, Riestädt u. s. w. Kopp Facs.-Samml. 6 mit Siegelabb. — (BRK. 86).

777 Jan. 7. Karl der Grosze schenkt dem Kloster Fulda Hammelburg. Schannat Vindic. Taf. 4 mit Siegelabb. Heumann Comm. de re dipl. imperator. 1, Taf. 2. Gatterer Dipl. Taf. 1 mit Siegelabb. — (BRK. 87).

779 (Jan. 18). Karl der Grosze (überläszt dem Kloster La Grasse bei Nar-

bonne den Grund, worauf es gebaut ist). Silvestre Pal. 3, 69. (BRK. 95?).

779 Mrz. 13. Karl der Grosze schenkt dem Kloster Hersfeld den Zehnten zu Lupentia. Kopp Facs.-Samml. 7. — (BRK. 100).

*(?) 779 Apr. 30. Karl der Grosze bestätigt der Kirche S. Marcellus zu Chalons-sur-Saone die Immunität. Nouv. traité Taf. 67. Frgt. — (BRK. 98).

780 Mrz. 8. Karl der Grosze schenkt dem Kloster Hersfeld Zehnten im Hessengau. Kopp Facs.-Samml. 8 mit Siegelabb. — (BRK. 101).

781 . . . . Karl der Grosze genehmigt einen Gütertausch zwischen dem Kloster St. Denis bei Paris und St. Peter zu Metz. Mabillon Dipl. 389 mit Siegelabb. Wailly Pal. 2, Taf. 12 Nr. 1. — (BRK. 110).

782 Jul. 28. Karl der Grosze schenkt dem Kloster Hersfeld einige Kirchen im Wormsgau. Kopp Facs.-Samml. 9. — (BRK. 117).

(785) . . . . Karl des Groszen Capitulare über die römische Legation. Champollion-Figeac. Fragm. inédit de la fin du VIII siécle. Mon. Germ. Leg. 2, Taf. 1. Coll. des doc. ined. sur l' hist. de France. IV Ser. 1, 474. — (Mon. Germ. Leg. 2, 849).

*786 Aug. 31. Karl der Grosze schenkt dem Kloster Hersfeld die Kirche zu Grebenau. Wenck Hess. Landesgesch. 3, 278 mit Siegelabb. Kopp Facs.-Samml. 11 mit Siegelabb. — (BRK. 123).

*786 Aug. 31. Karl der Grosze schenkt dem Kloster Hersfeld die Villa Dorndorf. Kopp Pal. crit. 1, 430—432. Kopp Facs.-Samml. 10. (BRK. 124).

*802 Apr. 26. Karls des Groszen Urk., die Stiftung des Klosters Werthen an der Ruhr betreffend. Origines Quelf. 5, 20 mit Siegelabb. Gatterer Dipl. Taf. 2 mit Siegelabb. — (BRK. 171).

802 Sept. 15. Karl der Grosze bestätigt dem Kloster Hersfeld die Villa Salza. Kopp Facs.-Samml. 12 mit Siegelabb. — (BRK. 173).

*(779—807) Aug. . . Karl der Grosze nimmt die Abtei S. Maximin bei Trier in Schutz. Acta SS. Apr. 2, Propyl. mit Siegelabb. Kollar Ann. Vind. 1, 1027 mit Siegelabb. — (Beyer Mittelrh. Urkk. 1, 52).

811 Dec. 1. Karl der Grosze bestätigt dem Grafen Benit einen im Buchonischen Walde gelegenen Bifang. Kopp Pal. crit. 1, 386 (blosz die Notariatsrecognition). — (BRK. 197).

813 Mai 9. Karl der Grosze bestätigt dem Asig seinen Bifang in Buchonien. Mabillon Dipl. 391 mit Siegelabb. Origines Quelf. 4, 411 mit Siegelabb. Falke Cod. Corb. 377 mit Siegelabb. — (BRK. 201).

814 Mrz. 31. Hludwig der Fromme bestätigt dem Kloster Hersfeld seine Freiheiten. Kopp Pal. crit. 1, 432. Kopp Facs.-Samml. 13. (BRK. 207).

814 . . . . Hludwig der Fr. ertheilt dem Kloster La Grasse Zollfreiheit. Nouv. traité Taf. 67. — (BRK. 217).

814 Dec. 1. Hludwig der Fr. bestätigt St. Denis die Messfreiheit. Mabillon Dipl. 394 mit Siegelabb. — (BRK. 234).

*815 Nov. 11. Hludwig der Fr. gestattet dem Kloster l'Isle Barbe bei Lyon zollfreie Schiffahrt. Le Moine Suppl. à la Dipl. Taf. 41. — (BRK. 260).

816 Apr. 15. Hludwig der Fr. ertheilt dem Hochstift zu Cambrai Schutz und Immunität. Baldrici Chron. Cam. ed. Le Glay 62 mit Siegelabb. — (BRK. 274).

816 Mai 2. Hludwig der Fr. nimmt das Kloster Fulda in seinen Schutz. Schannat Vindic. Taf. 4 mit Siegelabb. — (BRK. 275).

816 Aug. 28. Hludwig der Fr. bestätigt dem Hochstift zu Strassburg die Schenkung des Breuschthales. Schöpflin Als. dipl. 1, 65. Kopp Pal. crit. 1, 387. Kopp Facs.-Samml. 16. — (BRK. 285).

820 Mai 8. Hludwig der Fr. bestätigt dem Kloster Hersfeld seine Rechte. Kopp Facs.-Samml. 14 mit Siegelabb. — (BRK. 331).

821 Nov. 6. Hludwig der Fr. bestätigt einen Tauschvertrag zwischen St. Denis und einem gewissen Richboto. Mabillon Dipl. 398 mit Siegelabb. — (BRK. 341).

822 Mai 18. Hludwig der Fr. beschützt die Zellen S. Peter, S. Johann und S. Remig gegen den Erzbischof von Sens. Mabillon Dipl. 394. Silvestre Pal. 3, 79. — (BRK. 347).

822 Dec. 19. Hludwig der Fr. bestätigt dem Hochstift Würzburg die Immunität. Kopp Pal. crit. 1, 434 (blosz die Notariatsrecognition). (BRK. 353).

826 Oct. 27. Hludwig der Fr. und Hlothar I bestätigen gemeinschaftlich dem Münster im Gregorienthal die Immunität. Schöpflin Als. dipl. 1, 72 mit Siegelabb. Kopp Pal. crit. 1, 392 mit Siegelabb. Kopp Facs-Samml. 26 mit Siegelabb. — (BRK. 385).

827 Nov. 10. Hludwig der Fr. mit Hlothar I bestätigen einen Tausch zwischen St. Denis und einem gewissen Fulericus. Mabillon Dipl. 398, nur die Datirungzeile. — (BRK. 390).

829 Feb. 25. Urk. Hludwig des Fr. mit Hlothar I für das Kloster St. Denis (ausgestellt zu Aachen). Mabillon Dipl. 398. — (BRK. 392).

829 Sept. 30. Hludwig der Fr. verleiht seinem Getreuen Suniefried die Villa Fouscopertus. Silvestre Pal. 3, 79. — (BRK. 399).

832 Oct. 4. Hludwig der Fr. schenkt seinem Vasallen Adalbert die Villa Fontanas. Silvestre Pal. 3, 79. — (BRK. 429).

833 Jun. 10. Hludwig der Fr. nimmt das Kloster St. Columba bei Sens in seinen Schutz. Nouv. traité Taf. 93 mit Siegelfrgt. — (BRK. 440).

834 Mai 15. Hludwig der Fr. schenkt dem Kloster Corvei in Sachsen mehrere Güter. Orig. Quelf. 5, 4 mit Siegelabb. — (BRK. 442).

839 Jan. 23. Hludwig der Fr. bestätigt einen Tauschvertrag zwischen dem Able von St. Den's und der Aebtissin von Jouarre in der Diöcese Meaux. Wailly Pal. 2, Taf. 12, Nr. 2. — (Mabillon Dipl. 525. Bouquet SS. 6, 623).

835 Jan. 24. Hlothar I schenkt der Kirche S. Ambrosius in Mailand den Hof Lemonta. Fumagalli Ist. dipl. 1, Taf. 4 mit Siegelabb. (BRK. 541).

841 Aug. 20. Hlothar I bestätigt dem Kloster Fulda die Villa Salzungen. Schannat Vindic. Taf. 5 mit Siegelabb. — (BRK. 571).

845 Feb. 17. Hlothar I schenkt einem gewissen Fulcrad Güter im Eifelgau. Acta SS. Apr. 2, Propyl. Champollion-Figeac Chartes lat. franc. pour l'école des chart. Fascic. 4 und 5, Nr. 5. — (BRK. 589).

*845 Mai 15. Hlothar I bestätigt dem Kloster S. Stephan zu Straszburg die Immunität. Schöpflin Als. dipl. 1, 81. Kopp Facs.-Samml. 27. — (BRK. 591).

849 Jan. 3. Hlothar I (bestätigt dem Kloster St. Denis Güter im Veltlin). Mabillon Dipl. 402 mit Siegelabb. — (Bouq. SS. 8, 384).

*849 Aug. 25. Hlothar I nimmt das Kloster in Granfelden in seinen Schutz. Herrgott Gen. 1, 169 (muss wenigstens nach diesem, allerdings schlecht gemachten, Facsimile verworfen werden). — (BRK. 602).

856 Feb. 13. Hlothar II (König) ertheilt dem Kloster Münster im Gregorienthal Immunität. Schöpflin Als. dipl. 1, 86 Nr. 1 mit Siegelabb. Kopp Facs.-Samml. 33. — (BRK. 687).

860 Jan. 26. Hlothar II (König) schenkt dem Kloster St. Denis ein Gut zu Valenciennes. Mabillon Dipl. 402. — (BRK. 697).

864 Mai 18. Hlothar II (König) schenkt dem Kloster S. Peter zu Lyon die Zelle S. Maximin in der Grafschaft Maurienne. Silvestre Pal. 3, 77. — (BRK. 703).

*868 Apr. 15. Hlothar II (König) bestätigt dem Kloster S. Maximin bei Trier die Immunität. Acta SS. Apr. 2 Propyl. — (BRK. 711).

834 Feb. 5. Hludwig der Deutsche bestätigt dem Kloster Fulda die Immunität. Schannat Vind. Taf. 5 mit Siegelabb. Heumann Comm. de re dipl. imperator. 2, Taf. 1 mit Siegelabb. — (BRK. 730).

837 Jan. 6. Hludwig der Deutsche nimmt das S. Michaelkloster zu Metten in seinen Schutz. Hist. Abhandl. der bayr. Akad. der Wisz. 7, 307 (zu Geyers Abhandl.) — (BRK. 735).

843 Oct. 31. Hludwig der Deutsche bestätigt dem Kloster Hersfeld dessen Privilegien. Kopp Facs.-Samml. 30 mit Siegelabb. — (BRK. 743).

845 Sept. 4. Hludwig der Deutsche ertheilt dem Hochstift zu Seben Schutz und Immunität. Resch Ann. eccl. Sab. 3, 120 (nur Frgt. der ersten Zeile und des Signums sammt Siegelabb. aber schlecht). (BRK. 753).

853 Jul. 21. Hludwig der Deutsche schenkt dem Kloster S. Felix und Regula zu Zürich den dortigen Königshof. Geschichtfreund der fünf Orte 8, Taf. 1, Frgt. — (BRK. 769).

*856 Sept. 12. Hludwig der Deutsche bestätigt dem Kloster S. Stephan zu Straszburg die Immunität. Schöpflin Als. dipl. 1, 86 Nr. 2. (BRK. 778).

858 Apr. 12. Hludwig der Deutsche bestätigt die Restauration des Kloster Rheinaus. Gerbert Hist. silv. nigr. 3, 7 Taf. 2. — (BRK. 788).

866 Jul. 28. Hludwig der Deutsche nimmt mehrere, dem Kloster St. Denis zugehörigen Zellen in Alemannien in Schutz. Mabillon Dipl. 401. — (BRK. 815).

874 Feb. 26. Hludwig der Deutsche ertheilt auf Bitten des Verdner Bischof Wiperts.... Walther Lex dipl. 2, Taf. 3 (ungedruckt).

878 Sept. 9. Karlomann schenkt der von ihm erbauten Kirche zu Oettingen den Hof Treffen. Mittheilungen des hist. Vereins von Steiermark Heft 1. — (BRK. 866).

*877 Jan. 26. Hludwig III (der Jüngere) ertheilt dem Kloster Gandersheim Schutz und Immunität. Origines Quelf. 4, 370 Frgt. mit Siegelabb. (Diese Urk. ist gefälscht auf Grundlage eines noch vorhandenen echten Originals. Wir haben beide Documente im Archiv zu Wolfenbüttel eingesehn. Das echte zählt neun Textzeilen, in der siebenten heiszt es richtig *ut nullus comes vel alius quilibet exactor indiciariam potestatem .... habere praesumat.* [gedr. Eckart Comm. de reb. Franc. Nr. 2, 898 und Harenberg Hist. Gand. 63]; die unechte Urk. hat eilf Zeilen, in der achten mit dem bezeichnenden *ut nullus princeps* [gedr. Leibnitz SS. 1, 372. Leuckfeld Ant. Gand. 93. Harenberg Hist. Gand. 583. Origines Quelf. l. c.]; vergl.

auch Heumann Comm. de re dipl. imperator. 380 und Ficker Reichsfürstenst. 1, 44. 347.) — (BRK. 680b).

877 Jan. 26. Hludwig III verleiht dem Kloster Gandersheim die Villen Tenastedt und Ehrich. Origines Quelf. 4, 377 mit Siegelabb. (BRK. 881).

878 Apr. 10. Hludwig III nimmt das Kloster Fulda in Schutz. Schannat Vindic. Taf. 6 mit Siegelabb. — (BRK. 886).

882 Jan. 20. Hludwig III bestätigt dem Kloster Hersfeld dessen Privilegien. Kopp Facs.-Samml. 36 mit Siegelabb. — (BRK. 896).

(882)? . . . Karl der Dicke nimmt das Kloster Fulda in Schutz. Schannat Vindic. Taf. 6 mit Siegelabb. — (Dronke Cod. Fuld. 282).

884 Mai 23. Karl der Dicke bestätigt dem Kloster Honaugia dessen Besitzungen. Schöpflin Als. dipl. 1, 92. — (BRK. 976).

887 Jan. 15. Karl der Dicke bestätigt dem Hochstift Langres die Restitution der Abtei St. Seine. Nouv. traité Taf. 95 mit Siegelabb. — (BRK. 1012).

887 Mai 7. Karl der Dicke bestätigt dem Kloster Corvei die Freiheit von Kriegsdiensten. Origines Quelf. 4, 312. — (BRK. 1016).

887 Dec. 11. Arnolf bestätigt dem Kloster Fulda die Immunität. Schannat Vindic. Taf. 7 mit Siegelabb. — (BRK. 1026).

889 Dec. 4. Arnolf schenkt seinem Getreuen Diethelm einen Hof zu Kochanang. Kopp Facs.-Samml. 38 mit Siegelabb. — (Dümge Reg. Bad. 81).

890 Mrz. 16. Arnolf schenkt dem Grafen Choppo dreiszig Königshuben. Origines Quelf. 5, 25 mit Siegelabb. — (BRK. 1078).

896 Jan. 4. Zuentebulch bestätigt dem Kloster Münster im Gregorthal dessen Besitzungen. Schöpflin Als. dipl. 1, 97 mit Siegelabb. (BRK. 1155).

896 Jan. 22. Zuentebulch restituiert dem Kloster St. Denis die Abtei Salona. Mabillon Dipl. 415 mit Siegelabb. — (BRK. 1156).

897 (Jun. 13). Zuentebulch bestätigt dem Kloster St. Maximin die Schenkungen seines Vater Arnolfs. Silvestre Pal. 3, 77. — (BRK. 1162).

902 Feb. 5. Hludwig das Kind schenkt der Abtei Weiszenburg drei Huben zu Haslach. Schöpflin Als. dipl. 1, 100 mit Siegelabb. — (BRK. 1183).

903 Jul. 9. Hludwig das Kind schenkt dem Hochstift Würzburg mehrere confiscierte Güter. Kopp Pal. crit. 1, 413 (nur die Kanzlerrecognition). — (BRK. 1191).

907 Mrz. 19. Hludwig das Kind bestätigt einen Gütertausch zwischen den Klöstern Fulda und Epternach. Schannat Vindic. Taf. 7 mit Siegelabb. — (BRK. 1215).

908 Oct. 5. Hludwig das Kind bestätigt dem Kloster Hersfeld die freie Abtswahl. Kopp Facs.-Samml. — (BRK. 1223).

912 Apr. 12. Chuonrad I schenkt dem Kloster Fulda Güter zu Helmerichshausen. Schannat Vindic. Taf. 8 mit Siegelabb. (Die Facs. im Chron. Gotw. 1, 94 und 106 sind nur Copialien entnommen. Vergl. BRK. 1235). — (BRK. 1237).

913 Feb. 3. Chuonrad I bestätigt dem Kloster Corvei dessen Privilegien. Chron. Gotw. 1, 89 mit Siegelabb. — (BRK. 1244).

913 Feb. 19. Chuonrad I bestätigt dem Kloster Hersfeld dessen Freiheiten. Kopp Facs.-Samml. — (BRK. 1245).

913 Mrz. 12. Chuonrad I bestätigt dem Kloster Murbach dessen Rechte und Besitzungen. Schöpflin Als. dipl. 1, 111. Kopp Facs.-Samml. — (BRK. 1247).

914 Mai 24. Chuonrad I bestätigt einen Gütertausch zwischen dem Bischof Tuto von Regensburg und der Ellinrat. Chron. Gotw. 1, 94. Nouv. traité Taf. 96. — (BRK. 1252).

914 Mai 25. Chuonrad I schenkt dem Kloster S. Emmeran bei Regensburg den Staufer Forst bei Sulzbach. Chron. Gotw. 1, 106 mit Siegelabb. — (BRK. 1253).

---

892 Jul. 28. Wido bestätigt dem Kloster S. Maria Theodata zu Pavia die Immunität. Muratori SS. 2ª, 416 mit Abbildung der Bleibulle. — (BRK. 1278).

---

945 Mai 18. Chuonrad von Burgund schenkt einem gewissen Ermentheus die Zelle S. Jenesius in der Grafschaft Vienne. Champollion-Figeac Charles lat. Fascic. 4 und 5 Nr. 1. — (?)

1011 Aug. 25. Rudolf III schenkt dem Hochstift Lausanne die Grafschaft in der Waadt. Gingins-la-Sarra in den Mem. et doc. publ. par la societé de l'hist. de la Suisse Rom. 7ª. — (BRK. 1522).

---

811 Nov. 6. Karl der Kahle verleiht seinem getreuen Herimann verschiedene Güter. Mabillon Dipl. 406 mit Siegelabb. — (BRK. 1531).

843 Jul. 5. Karl der Kahle bestätigt dem Bischof von Autun die Besitzungen und Rechte seiner Kirche (blosz das Signum des Königs). Nouv. traité Taf. 67. — (BRK. 1544).

859 Jan. 20. Karl der Kahle (unterwirft der Kirche zu Nevers die Zelle S. Vincenz). Silvestre Pal. 3, 77. — (Bouquet SS. 8, 552).

663 Nov. 4. Karl der Kahle bestätigt dem Erzbischof von Rouen dessen Besitzungen. Nouv. traité Taf. 91. — (BRK. 1716).
876 Mai 26. Karl der Kahle (Kaiser) bestätigt dem Kloster St. Ouen dessen Besitzungen. Nouv. traité Taf. 94. — (BRK. 1796).
877 Mai 5. Karl der Kahle (Kaiser) stiftet zu Compiegne ein königliches Marienkloster. Mabillon Dipl. 406. — (BRK. 1809).
877 Jul. 21. Karl der Kahle (Kaiser) restituiert dem Kloster St. Denis die Villa Cerecius. Mabillon Dipl. 409 mit Siegelabb. Wailly Pal. 2, Taf. 12 Nr. 3. — (BRK. 1820).
878 Jun. 20. Hludwig II (der Stammler) schenkt den Kanonikern von S. Martin zu Tours die Villa Merlaus. Champollion-Figeac Chart. Int. Fascic. 4 und 5 Nr. 4. — (BRK. 1835).
879 Jan. 1. Hludwig II (der Stammler) schenkt seinem Verwandten Aletramnus die Villen Rubais und Autrepe. Mabillon Dipl. 410 mit Siegelabb. Le Moine Suppl. á la Dipl. Taf. 40. — (BRK. 1847).
889 Jun. 16. Odo verleiht seinem getreuen Richodo ein Gut. Mabillon Dipl. 413 mit Siegelabb. — (BRK. 1874).
894 Mai 2. Odo schenkt dem Kloster St. Denis eine Mühle. Mabillon Dipl. 413. — (BRK. 1893).
908 Nov. 3. Karl der Einfältige bestätigt dem Kloster La Grasse dessen Besitzungen. Nouv. traité Taf. 67 Frgt. — (BRK. 1929).
917 Mai 28. Karl der Einfältige restituiert dem Kloster St. Denis die Villa Lagny. Mabillon Dipl. 410 mit Siegelabb. Wailly Pal. 2, Taf. 12 Nr. 4. — (BRK. 1954).
(893—923) . . Karls des Einfältigen Urk. (ohne Inhaltsangabe, ohne jede Datierung). Silvestre Pal. 3, 81. — (?)
932 Jun. 21. Rodulf schenkt dem Kloster Clugny die Villa Chevines. Silvestre Pal. 3, 81. — (BRK. 1990).
(923—936) . . Rodulf restituiert dem Bischof von Laon die Propstei S. Vincenz. Mabillon Dipl. 417. — (Bouquet SS. 9, 568).
953 Oct. 31. Hludwig IV (übers Meer) bestätigt S. Remigius zu Rheims eine Schenkung. Mabillon Dipl. 417 mit Siegelabb. — (BRK. 2026).
961 Oct. 5. Lothar verleiht dem Kloster St. Remi die Villa Condé. Mabillon Dipl. 419. — (BRK. 2037).
975 . . . . Hlothar erneuert den Kanonikern von S. Vincenz bei Laon die frühern Privilegien. Mabillon Dipl. 419 mit Siegelabb. (BRK. 2051).
(979—986) . . Hlothar mit Ludwig V (dem Faulen) gemeinschaftlich (ohne Inhaltsangabe und Datierung). Wailly Pal. 2, Taf. 12 Nr. 5. (Bouquet SS. 9, 642—644?).

835 Nov. 1. Pippin I (von Aquitanien) bestätigt dem Kloster Montolieu bei Carcassone die Villa Magnianacus. Mabillon Dipl. 401. (BRK. 2076).

3. — Über Invocation und Titel.

Der königliche Name mit dem Beisatze *rex Francorum, vir inluster* steht an der Spitze jedes echten Merovingischen Königsdiploms. Der Titel „vir inluster" rührt von der Ertheilung der consularischen Ehren an Chlodoveus I durch den Kaiser Anastasius I her [67] und erbte sich auf dessen Nachfolger fort, doch ist er nicht gerade ausnahmlos erwähnt [68], während hingegen der Titel „rex Francorum" niemals fehlt. Was immer nun diesem einfachen Titel nebenbei in den königlichen Merovingischen Urkunden hinzugefügt erscheint, ist entweder interpolirt oder kommt geradezu nur in falschen Documenten vor. [69] Ganz dasselbe gilt auch in Betreff der sogenannten Invocation, der Anrufung des göttlichen Namens, womit erst später, zunächst die kaiserlichen Urkunden eröffnet wurden. [70]

---

[67] *Igitur Chlodovechus ab Anastasio imperatore codicillos de consulatu accepit et in basilica beati Martini tunica blatea indutus est et chlamyde, imponens vertici diadema . . . . ab ea die tamquam consul aut augustus est vocitatus.* Gregor von Tours Hist. Franc. lib. 2, cap. 38 (ed. Ruinart 95). Vergl. Waitz Deutsche Verfg. 2, 50. 128.

[68] Wie die echten Originale Breq. Pard. 279. 388. 397. 495. 496 beweisen.

[69] Dahin gehören alle Urkk. mit *gratia Dei, divina favente (ordinante, praeordinante, disponente, praeveniente, largiente) clementia (gratia, providentia)*, oder mit dem Zusatze *filius*, dann der Bezeichnung *rex Suessionum (Parisiensis, Aurelianensis, Metensis, Suessionensis, Austrasie Burgundionumque, Austrasiorum)* oder gar *monarcha Franciae (imperator augustus)*, mit den Beiwörtern *magnus, potentissimus* oder dem Beisatze *servus servorum (exemplar Francorum)*, mit dem Fürworte *ego* u. s. w., wie sie uns die Privilegien Breq.-Pard. 91. 143. 164. 167. 169. 191. 232. 234. 250. 252. 259. 260. 261. 262. 263. 266. 280. 286. 289. 290. 292. 306. 321. 329. 359. 373. 378. 380. 395. 462. 465. 531. 548. add. 1. Bordier Rec. 45. 47. 54. aufweisen.

[70] Die verschiedenen Invocationformen, als: *In Christi nomine, In nomine Domini (Amen), In nomine patris et filii et spiritus sancti (Amen), In nomine Domini (Dei) et salvatoris nostri Jhesu Christi, In nomine sanctae et individuae trinitatis (domini dei omnipotentis)* u. s. w. bei Breq.-Pard. 64. 65. 78. 88. 80. 143. 167. 232. 233. 234. 260. 261. 263. 265. 266. 274. 280. 290. 292. 321. 354.

Derselbe Titel wurde auch von den ersten Karolingern fortgeführt [71], doch trat auch hier bald eine wesentliche Aenderung ein. Und das selbstverständlich. Gewaltige Ereignisse haben, wie bereits öfter bemerkt wurde, die deutlichsten Spuren auch in den Urkunden hinterlaszen und hier wieder am sichtbarsten in der Titulatur und der Datierung. So werden wir gleich unter Pippin auf einen sehr beachtenswerthen Zusatz im Titel desselben wol zu merken haben. Ebenso tritt während der Amtsführung desselben Erznotar Hithers mit den Vorgängen in Italien 774 auch eine Aenderung in dem königlichen Titel Karls des Groszen ein. Deszgleichen und in noch höherem Grade mitten in der Erznotariatsperiode Ercanbalds 800 durch die Kaiserkrönung zu Rom und so auch später unter Hludwig dem Frommen 814, unter Karl dem Kahlen 849 und 875 beim Antritt neuer Herrscherwürden u. s. w. Die Urkunden Hludwigs des Frommen nach dem Tage auf dem sogenannten „Lügenfelde" 833 sind gerade durch eine Veränderung in der Titulatur auf das bestimmteste gekennzeichnet. Und ebenso brachte der Tod des Kaiser Hlothars I 855 eine gleiche Umwandlung in den Privilegien Kaiser Hludwigs II wie das Hinscheiden Karls des Kahlen in den Urkunden Hludwigs des Stammlers hervor und zwar ohne dasz in allen diesen genannten Fällen erst ein Wechsel in der Leitung der Kanzlei vorausgegangen wäre. Die politischen Ereignisse selbst übten so gleichsam unmittelbar diese Wirkungen auf die Urkundenformen aus. — Dagegen führten andre Begebenheiten zunächst einen Wechsel in der Kanzlei und damit zugleich eine Aenderung in den Formalien, speciell in der fürstlichen Aufschrift der Urkunden herbei wie das z. B. beim Beginn der Regierungen Kaiser Hlothars I mit dem Erz-

---

370. 373. 378. 380. 395. 402. 462. 465. 531. add. 1. Bordier Rec. 45. 47. 54 sind theils Privatdocumenten, theils spätern Karolingischen Urkunden entlehnt und geben uns willkommne Anhaltspunkte zur Ermittlung der Muster, die ihnen bei ihrer Verfertigung nothwendig zu Grunde gelegen haben musten.

[71] Aber nicht *vir illuster* wie BRK. 7 bei Bouquet, der übrigens denselben Fehler auch BRK. 45 begeht, während doch das Facsimile bei Mabillon deutlich *vir inluster* zeigt. Zum letztenmal finden wir diesen Beisatz in echten Urkk. 775 (BRK. 75) und nur ganz vereinzelt später bei den westfränkischen Königen, Karl dem Einfältigen 911—912 (BRK. 1934. 1935. 1937. 1939) und Rodulf 934 (BRK. 1994). Hiernach Waitz Deutsche Verfg. 3, 207 Note 1 zu berichtigen.

notar Witgar, Kaiser Hludwigs II mit Druclemir, König Hlothars II mit dem Kanzler Ercambold, Karls von Provence mit dem Kanzler Bertraus, Hludwigs des Deutschen mit dem Erznotar Gauzbald, Karls des Kahlen mit dem Erznotar Hludwig, Karlomanns mit Vulfard u. s. w. der Fall ist. Gleichfalls wieder bei Hlothar I, Hludwig dem Deutschen und Pippin I von Aquitanien, den Söhnen Hludwigs des Frommen, die nach dem Abfalle von ihrem Vater 833 neue Erznotare: Agilmar, Grimald und Dodo beriefen, mit deren Amtsantritt zugleich eine Wandlung in der bisherigen Titulatur anhebt; Fälle, wo also politische wie persönliche Motive gleichmäszige Einwirkung auf die Urkundenformen beanspruchen können. — Endlich aber, und zwar nicht selten, war der blosze Wechsel der Erznotare hinreichend, um bestimmte Aenderungen in den Formalien hervorzurufen. So sind durch den Eintritt des Erznotar Rados 776 in die Kanzlei Karls des Groszen, Theotos 832 unter Hludwig dem Frommen, Faremunds 869 unter Kaiser Hludwig II allein und am wahrscheinlichsten gewisse Abweichungen von der bisdahin geübten Praxis zu erklären, da uns sonst keine anderweitigen Ereignisse irgend welchen haltbaren Aufschlusz zu gewähren im Stande sind. Die persönlichen Einwirkungen der Vorstände der Kanzlei auf die Formalien des Urkundenwesen stehen demnach, abgesehn von weitern, handgreiflichen Gründen, schon hierdurch fest und werden im Laufe unsrer Untersuchung noch reichliche Bestätigung finden. Denn die jeweiligen Erznotare waren es, die ein bestimmtes Schema festzustellen hatten, nach welchem die urkundlichen Ausfertigungen vorgenommen wurden, indem sie sehr oft einfach das Schema ihrer Vorgänger beibehielten [72], oft aber ein ganz neues entwarfen, sei es gleich beim Beginn ihrer Amtsführung oder im weitern Verlauf derselben nach eignem Gut-

---

[72] wie Maginar unter Carlomann, Hither und Ercanbald unter Karl dem Groszen, Fridugis, im Grunde auch Theoto wie Hugo unter Hludwig dem Frommen, Hermenfrid und Hilduin unter Hlothar I, Remigius mit dem Kanzler Adalbert unter Kaiser Hludwig II, der Kanzler Grimbland unter König Hlothar II, Gerard unter Karl von Provence, die Erznotare Radleic und Balderic, die Kanzler Witgar und Hebarhard unter Hludwig dem Deutschen, der Kanzler Baldo unter Karlomann, die Kanzler Wolfer und Arnolf unter Hludwig dem Kinde, Gauzlin unter Karl dem Kahlen und Karlomann, endlich Aldric, Ebroin, Hermold und Isaac unter Pippin I von Aquitanien, Ausbert und Hilduin unter Pippin II u. s. w.

dünken oder durch bestimmte Ereignisse dazu veranlaszt. Läszt sich doch dann und wann selbst bei niedern Kanzleibeamten wie z. B. bei Hadebert unter Hludwig dem Deutschen ein nicht unerheblicher Einflusz auf die urkundlichen Formalien verfolgen. — Alle diese Verhältnisse haben vor allem Geltung in der eigentlichen Karolingerepoche und laszen sich besonders hier klar und deutlich erkennen. Deszhalb ist gerade diese Periode für die gesammte Diplomatik so überaus belehrend und fruchtbringend. Man kann so recht das innerste Getriebe dieser einfachen und regelmäszigen Vorgänge belauschen. In der Uebergangsepoche sind diese charakteristischen Merkmale und Eigenthümlichkeiten schon vielfach verwischt und nur allzuhäufig kaum mehr des genauern zu verfolgen, denn die Lockerung der festgeordneten Karolingerkanzlei, die Emancipation von der Oberleitung der Erznotar(kapellane), hatte zu allernächst die Vernachlässigung der, früher so strengbefolgten Urkundennormen zur Folge, an deren Stelle jetzt sehr oft Willkür und Eigenmächtigkeit der einzelnen Schreiber als maszgebend auftrat.

Besonders epochemachend für die Geschichte der Titulatur in den fürstlichen Karolingerurkunden sind die Aenderungen und Zusätze, die unter Pippin, Karl dem Groszen und Hludwig dem Deutschen gemacht worden, weil sie im wesentlichen bestimmend nicht nur für die Documente fast sämmtlicher Karolinger, sondern auch der spätern Königsgeschlechter wurden. Unter Pippin treffen wir zum erstenmal die Formel: *gratia dei*, entsprechend der religiösen Weihe, die das neue Regentenhaus zu seiner Kräftigung benöthigte und in der engern Verbindung mit der Kirche erhielt und bekundete.[73] Dieser Titel „von Gottes Gnaden" verpflanzte

---

[73] In Pippins, vielleicht letzter Urk. bei Bouquet SS. 5, 707 (Facs. in Nouv. traité Taf. 92) und in der undatierten Encyclica in Mon. Germ. Leg. I, 32. Die andern Documente Pippins mit *gratia dei, divina ordinante providentia, ordinante dei clementia* (BRK. 8. 16. 18. 21. 24) sind gleich allen Merovingerprivilegien mit ähnlichem Beisatze, gefälscht. Bemerkenswerth ist es übrigens jedenfalls, dasz die Pippiniden noch vor ihrer Thronbesteigung, wie Pippin der Mittlere, Karl Martell, Pippin der Jüngere ihre Urkk. sehr häufig mit: *Ego in dei nomine.... inluster vir* u. s. w. beginnen (Breq.-Pard. 467. 468. 503. 521. 527. 563. 568. Bordier Rec. 57, — gefälscht dagegen ist Breq.-Pard. 469 mit *gratia dei*), wenn wir schon der Ansicht von Waitz Deutsche Verfg. 3, 72 Note 3 vollkommen beistimmen müssen, dasz hier eine Identität

sich seit jenen Zeiten unter allerdings verschiedenen Modificationen in alle Urkunden christlicher Regenten bis auf den heutigen Tag herab.[74] Einen noch besonders feierlichen Ausdruck auch in den Urkunden erhielt übrigens dieser theokratische Charakter der Karolingerherrschaft in der Erneuerung des abendländischen Kaiserthums, nachdem K a r l d e r G r o s z e zu Weihnachten 800 in der S. Peterskirche zu Rom von Papst Leo III gesalbt, gekrönt und vom versammelten Volke mit dem Zurufe „Karl dem frömmsten Augustus, dem von Gott gekrönten, groszen friedeschaffenden Kaiser Leben und Sieg" begrüszt ward. Wir finden diese Worte, römischen Ursprungs und fast genau ebenso lautend, von jetzt an als Titel in die K a i s e r privilegien Karls des Groszen aufgenommen. Bezeichnend ist aber noch eine besondere Anrufung der heiligen Dreieinigkeit (*In nomine patris et filii et spiritus sancti*), die dem k a i s e r l i c h e n Namen zugleich vorangesetzt wurde [75] und als bestimmte Invocationformel [76],

mit „gratia dei" kaum wol anzunehmen sei. Wir möchten vielmehr diese Formel, die übrigens nicht selten in Privaturkk. jener Zeit erscheint, als einen Vorläufer der Jnvocation bezeichnen.

[74] falls er nicht dann und wann der modernen Volkssouverainetät, die es auf ihn besonders abgesehn hat, weichen oder den jüngsten Experimenten gemäsz wenigstens den Platz mit dem suffrage universel theilen muste, womit man sich dann á la Louis Napoleon nach beiden Seiten hin abzufinden gesucht hat! Vergl. auch die jüngsten Debatten in der Turiner Deputiertenkammer vom 16. April 1861 (Allg. Zeitung 1861 Apr. 23 Beilage zu Nr. 113 S. 1848).

[75] Die Nachahmung und der Zusammenhang auch dieser neuen kaiserlichen Invocationformel im allgemeinen mit der altrömischen liegt auszer Zweifel, wenn man sie nur mit jener der christlichen Kaiser von Byzanz z. B. Justinians I vergleicht, da heiszt es ausdrücklich: *In nomine domini et dei nostri Jhesu Christi* Const. De confirm. Digest. oder *In nomine domini nostri Jhesu Christi* Const. De conf. Instit.; *In nomine domini nostri Jhesu Christi (ad omnia consilia omnesque actus semper progredimur)* L. 1 und 2 Cod. De off. praef. praet. Afr. 1, 27; *Magnum deum et salvatorem nostrum Jhesum Christum et eius auxilium semper invocantes*. Nov. 85 praef. u. s. w.

[76] Alle Karolingerurkk. daher (über die Merovingischen vergl. oben Note 70), die v o r 800 mit irgend welcher Invocation versehn sind, müssen als gefälscht oder interpoliert betrachtet werden wie BRK. 2. 8. 16. 43. 48. 70. 121. 122. 128. 129. 131. 134. 136. 144. 155. 164. Beyer Mittelrh. Urkkb. 1, 13. 53. Ughelli It. sac. 4, 1023. 5, 699. Mon. Boic. 30ᵃ 377. Lünig Reichsarch. 18ᵃ 169. Mabillon Acta SS. ord. S. Bened. (Ed. Paris.) sec. 3ᵇ 239. Doublet Hist. de

anfangs, wie es scheint, nur in kaiserlichen [77], bald aber, verschieden variert auch in königlichen Urkunden der Karolinger Eingang gefunden hat und dann auch für die nächsten Jahrhunderte beibehalten wurde. Diese vielfach wechselnden, für jeden der ältern Karolinger ganz eigenthümlich gearteten Invocation- und Titelformeln wurden endlich unter Hludwig dem Deutschen durch dessen Erznotar Grimald 833 in einen bestimmten, fast allgemein-giltigen Ausdruck gebracht (*In nomine sanctae et individuae trinitatis. H . . . . divina favente gratia [clementia] rex*) [78], der nicht nur bei den deutschen, sondern auch bei den französischen, italienischen und burgundischen Herrschern zu gleich rascher Ausbreitung gelangte, und wenn auch nicht immer ausschlieszlich und wörtlich gebraucht, doch in seinen wesentlichen Bestandtheilen leicht überall, auch in den Urkunden der nachfolgenden Regentengeschlechter wiederzuerkennen ist.

Beachtenswerth ist übrigens die Stetigkeit, mit der in der eigentlichen Karolingerepoche die einmal von der Kanzlei angenommne Invocation- und Titelformel, falls nicht ganz besondre Ereignisse eine Aenderung erheischten, in der Regel beibehalten wurde. Ganz besonders gilt diesz von der Invocation, die weniger von politischen Begebenheiten beeinfluszt, eigentlich nur ein einzigesmal mitten in der Regierung eines Fürsten, unter Hludwig dem Deutschen, einen dauernden Wechsel erfährt [79], wol

---

S. Denis 722 u. s. w. So auch die Urk. Pippins von Italien von 787 bei Muratori SS. 1ᵇ 362.

[77] Wenigstens die gleichzeitigen echten Aquitanischen Königsurkk. unter den Kaisern Karl dem Groszen und Hludwig dem Frommen haben durchweg keine Invocation, dagegen allerdings die gefälschten wie BRK. 205. 2077. 2080.

[78] Was immer früher von Karolingerurkk. diese Invocation oder Titelformel an der Spitze trägt, ist gefälscht, wie BRK. 2. 43. 122. 134. 136. 144. 166. 169. 171. 172. 177. 189. 229. 448. 726. Beyer Mittelrh. Urkkb. 1; 13. 60. Ughelli It. sac. 4, 1023. 5, 699. Mon. Boic. 30ᵃ 377. 31ᵃ 11. Lünig Reichsarch. 18ᵃ 169. Urkkb. des Landes ob der Enns 2, 6. 12. Bucelinus Germaniae topo-chronostemmatograph. sac. et prof. 2, 707. Mon. Germ. Leg. 2ᵇ 2. Wirtemb. Urkkb. 1, 72. 76. 87. Gallia christ. 4, 263. Herrgott Gen. 2ᵃ 20. Calmet Hist. de Lorr. 1, 300. Marca Marca Hisp. 774 u. s. w. Die undatierte Urk. bei Kleinmayrn Juv. Anhang 62 gehört wol Karl dem Dicken zu.

[79] Ansätze hierzu, aber auch nicht mehr, finden wir z. B. bei Hludwig dem Frommen durch den Eintritt des Erznotar Theotos (BRK. 424), der aber

aber oft von den Söhnen unverändert in ihren Urkunden beibehalten wird wie z. B. von Hludwig II und Karl von Provence die Invocation Kaiser Hlothars I, von dem deutschen Karlomann, Hludwig dem Jüngern und Karl dem Dicken jene ihres Vaters Hludwigs des Deutschen, deszgleichen von dem westfränkischen Karlomann die Hludwigs des Stammlers. Empfänglicher dagegen für die wechselnden Einflüsze der Ereignisse und Kanzleien ist allerdings die eigentliche Titulatur, wie die Documente beinahe sämmtlicher Karolinger beweisen und was zum Theil schon in der Natur dieser Formel, die sich nothwendig gewissen Verhältnissen anschmiegen muss, begründet liegt; doch ist auch hier ein strenges Festhalten an den einmal gewählten Ausdruck Regel und ein Abirren von demselben ohne Grund findet wenigstens in dieser Epoche fast niemals statt.[80] Auch vererben sich gleichfalls dieselben Titulaturen häufig auf Sohn und Enkel oder werden von diesen recipiert wie z. B. von den Kaisern Hlothar I und Hludwig II das *divina ordinante providentia* Hludwigs des Frommen. Zweifelsohne in Hinsicht sowol der Invocation wie der Titulatur ein schlagender Beweis für die wolgeordnete Führung dieser ursprünglichen Karolingerkanzleien. — Nicht selten kommen gemein-

rasch zur alten Formel zurückkehrt, wogegen der von Karl dem Kahlen übernommene Erznotar Hludwigs des Stammlers Gauzlin, seine altgewohnte Invocation (BRK. 1829) bald mit einer neuen umtauschen muss. Dabei ist aber nicht zu übersehn, dasz in diesen beiden Fällen die betreffenden Urkk. am Beginne, jene von Theotos Erznotariate, diese von Hludwigs des Stammlers Regierung stehn. Allerdings unscheinbare aber jedenfalls interessante Beispiele gleichmäszigen Einwirkens der Kanzleien wie der politischen Ereignisse auf die Formen der fürstlichen Urkunden.

[80] Das vereinzelte *divina largiente gratia* in der Originalurk. Hludwigs des Frommen von 814 Apr. 8 (Wirtb. Urkkb. 1, 79) ist gleichfalls nur als ein erster Versuch zu betrachten, womit der Erznotar Helisachar der kaiserlichen Titulatur Hludwigs Ausdruck verschaffen wollte. So macht sich z. B. der Einflusz des Notar und Subdiacon Hadeberts auf das Urkundenwesen Hludwigs des Deutschen neben anderm auch dadurch bemerkbar, dasz beinahe in allen von ihm in den Jahren 857—859 sowol im Namen des Erzkapellan Grimalds als des Kanzler Witgars recognierten Documenten statt des herkömmlichen *divina favente gratia* — es hier *divina favente clementia* heiszt (BRK. 779. 780. 786. 811. 814. Wirtb. Urkkb. 1, 149. — BRK. 783 sogar *divina favente providentia*).

schaftlich von Vater und Sohn [81] ausgestellte Urkunden vor wie z. B. von Hludwig dem Frommen im Verein mit Hlothar I, oder von Hlothar I mit Hludwig II [62]; in solchen Fällen bleiben dann die Formeln der väterlichen Kanzleien die maszgebenden. Auch finden wir öfter die Väter in der Titelaufschrift der Urkunden der Söhne und zwar nicht nur während ihrer Lebzeit erwähnt, wie in den Documenten Hlothars I vor 833 oder Kaiser Hludwigs II, sondern auch nach ihrem Hinscheiden wie bei Karl von Provence, jedenfalls nur als Zeichen der Anhängigkeit und Pietät und keineswegs, selbst nicht im ersten Falle, aus Abhängigkeitrücksichten, denn sonst müsten ähnliche Bezeichnungen auch in den Urkunden Pippins I von Aquitanien oder Hludwigs des Deutschen, die ja auch gleichzeitig neben ihrem Vater regierten, anzutreffen sein, wovon uns aber kein einziges Beispiel bekannt ist. Die Bezeichnung der Völker, niemals jedoch der Länder [83], deren Könige und Gebieter die Karolinger waren, als „*Francorum, Langobardorum, Aquitanorum, Baioariorum*" kommt im Urkundentitel nur in den ersten Karolingerzeiten unter Pippin, Carlomann, Karl dem Groszen und anfangs, dem Kaiserthum gegenüber, bei den Theilfürsten vor, hört aber schon mit Hludwig dem Frommen, beziehungweise mit Hludwig dem Deutschen 833 und der Vertreibung Pippins II 848 auf. [64] Gleiches gilt von dem Zusatze *vir inluster* oder *patricius Ro-*

[61] Niemals aber mit Dritten wie in der falschen Urkunde bei Ughelli It. sac. 1, 50 die angeblich von Papst Leo III und Kaiser Karl dem Groszen ausgestellt sein sollte.

[62] BRK. 377—404 (wiederholt gezählt 511—534), von denen aber BRK. 379. 384. 404 (513. 518. 534) als verdächtig bezeichnet werden müssen. Ferner BRK. 610; dagegen ist die gemeinschaftlich von Hlothar I und Hludwig II ausgestellte Urk. bei Lünig Cod. Ital. 1, 1515 (auch Heumann Comm. de re dipl. imperator. 1, 499) falsch.

[63] Wie *Franciae, Alemanniae, Aquitaniae, Germaniae* u. s. w. in den gefälschten oder corrumpierten Urkk. BRK. 205. 2075. 2086. Mathaei Vet. aevi annal. (Ed. in 4º.) 5, 526 u. s. w. Vergl. auch oben Seite 22, Note 21.

[64] Ganz ausnahmweise treffen wir bei Karl dem Kahlen gleich nach Antritt seiner Regierung in Aquitanien 849 den Titel *Aquitanorum rex* BRK. 1607. 1609 an, offenbar nach dem Vorbilde seiner Vorgänger, wenn übrigens diese Urkunden wirklich echt sind? — Dagegen müssen sämmtliche Karolingerdocumente dieser Epoche, die sonst den Titel *Francorum rex* (oder gar *Francorum imperator* oder *patricius* oder *rector imperii Francorum* u. s. w.) führen

manorum, die noch während Karls des Groszen Regierung verschwinden. Nur dem Titel *imperator* steht seit Hludwig dem Frommen, mit nur theilweiser Ausnahme unter Hlothar I, unzertrennlich das altrömische *augustus* zur Seite, jedoch ohne jeden weitern Zusatz wie z. B. *semper (augustus)* oder *Romanorum*.[85] Auch ist, abgesehen von Karls des Groszen Kaisertitulatur und dem Beisatze, der in den Urkunden Hlothars I, Hludwigs II oder Karls von Provence als *invictissimi (piissimi) domni imperatoris filius* mit Bezug auf Hludwig den Frommen und Hlothar I gebraucht ist, jedes wie immer geartete Bei-[86] oder Fürwort [87] und ebenso jede Zahl [88] wenigstens in echten Karolingerdocumenten dieser Epoche geradezu unerhört.

Eine Zusammenstellung der Invocation und Titelformen von Pippin bis Karl dem Dicken, dem Wiedervereiniger der getrennten Karolingerreiche, die wir fast durchweg aus Original-Urkunden oder Abdrücken [89]

wie BRK. 172. 229. 630. 1572. 1586. 1713. 1747. 1777. 1785. Beyer Mittelrh. Urkkb. 1, 53. Mabillon Vet. Annal. 356. Miraeus Op. 1, 246. Remling Speirer Urkkb. 1, 9. Bouquet SS. 8, 535. 546. 641 (falls letztere nicht Karl dem Einfältigen zugehört?) u. s. w. darin mindestens für interpoliert gelten.

[86] oder gar *Romanorum rex*, die sämmtlich nur in gefälschten Urkk. anzutreffen und jedenfalls Documenten aus späteren Jahrhunderten entlehnt sind, wie BRK. 165. 221. 472. 491. 603. 630. Mon. Boic. 31ᵃ, 7. 10. 96. Wirtemb. Urkkb. 1, 87. Calmet Hist. de Lorr. 1, 300. Dronke Cod. Fuld. 233. 234. 278. Goldast Const. imp. 1, 17. Eccard Corp. hist. 2, 434. Harenberg Hist. Gand. 139. Gropp Hist. Amorb. 192. Beyer Mittelrhein. Urkkb. 1, 43. die transumierte Urk. Karl des Groszen in BRI. 2511 u.s.w. In der Urk. bei Remling Speirer Urkkb. 1, 4 dürfte nur irrthümlich *imperator* statt *patricius Rom.* stehen?

[86] und jeder weitere Zusatz wie in BRK. 50. 166. 237. Lappenberg Hamb. Urkkb. 1, 7. Ughelli It. sac. 1, 50. 4, 1023. Gall. christ. 2, 178. Dümmler Formelb. 8. sind sichere Zeichen späterer Fälschung oder Corruption.

[87] Wie alle Urkk. mit *Ego* so BRK. 21. 1780. 2084. Beyer Mittelrhein. Urkkb. 1, 52. Mon. Boic. 31ᵃ, 10. Ughelli It. sac. 4, 1023. Bouquet SS. 6, 641. Gall. christ. 2, 178. Mon. Germ. Leg. 2ᵇ, 6. ferner die inserierten Urkk. Karl des Groszen BRI. 2511 und Hlothars I bei Muratori SS. 2ᵃ, 386 u. s. w. für gefälscht oder verderbt gehalten werden müssen, geschweige gar wenn *Nos* gebraucht wird wie BRK. 319.

[88] wie BRK. 339 mit *Hludovicus I* in dem schlechten Abdrucke bei Hund Metr. Sal. 2, 10. vgl. den correcteren in Mon. Boic. 11, 103.

[89] Wir müssen gleich hier ein für allemal erklären, dasz die von uns

geschöpft haben, mit kurzer Andeutung des Grundes ihres jeweiligen Wechsels, scheint uns zur leichteren Uebersicht wie zur Bestätigung des Gesagten am zweckmäszigsten hier eingefügt.

Die Urkunden Pippins haben einfach: *Pippinus rex Francorum vir inluster*, nur zuletzt: *Pippinus gratia dei rex Francorum vir inluster*. [90]

Bei Carlomann fast durchgängig: *Carlomannus (gratia dei) rex Francorum vir inluster*. [91]

Unter Karl dem Groszen und zwar bis zu dessen erstem italienischen Zug 773: *Carolus gratia dei rex Francorum vir inluster*[92]; von da ab bis zum Ende von Hithers Erznotariate 775: *C. gratia dei rex Fran-*

---

gewonnenen Resultate mit voller Bestimmtheit nur bei Beurtheilung von Originalurkk. angewendet werden können. Die Copien, älteren wie neueren Ursprungs, sind dagegen zu häufig der Willkür und Nachläszigkeit der Schreiber oder Herausgeber unterworfen (vgl. S. 20 Note 20 und weiter unten Note 159.), als dasz von einem Abweichen von der Regel mit Sicherheit zugleich auch auf einen Fehler oder eine Fälschung im Originale geschloszen werden dürfte. Man kann daher nicht behutsam genug in der Beurtheilung und nicht streng genug in der Unterscheidung zwischen Original und Copie zu Werke gehen, wenn nicht jede gewissenhafte Kritik (denn dasz sie so sei, musz man von ihr verlangen) beiseite geschoben werden soll. Dasz wir aber deszenungeachtet auch die Copialurkk., sofern sie dem Gesetze widerstreiten, des nähern aufgeführt haben, wird wol nicht besonders gerechtfertigt werden müssen, nur möchten wir uns dagegen verwahren, als hätten wir dieselben, wie in ähnlichen Fällen die Originale, damit auch schon geradezu verworfen. Erst nach einem allseitigen Abwägen aller äuszern wie innern Momente und nach genauem Verfolgen der Geschichte der Abschriften kann und darf hier ein maszgebendes Urtheil gefällt werden. Genug wenn wir also einfach aufmerksam machen, — und mehr wollen wir hier nicht bezwecken. — welche von diesen Copien eine solche Beachtung besonders verdienen.

[90] BRK. 7. 11. 14. 15. 22. 26. 27. Nouv. traité Taf. 92 u. s. w. — Dagegen abweichend hiervon und darum falsch oder doch verdächtig oder corrumpiert BRK. 1. 2. 8. 16. 18. 21. 24. Schöpflin Als. dipl. 1, 34. Vergl. übrigens hier wie für die folgenden Citate die Noten 71. 73. 76. 77. 78. 81. 82. 83. 84. 85. 86. 87.

[91] BRK. 28. 29. 30. 32. 37. Mon. Patr. Chart. 1. 20 u. s. w. — Dagegen Schöpflin Als. dipl. 1, 43. Ughelli It. sac. 5, 699.

[92] BRK. 38. 45. 49. 53 u. s. w. — Dagegen BRK. 43. 48. 50. u. s. w.

corum et Langobardorum (ac patricius Romanorum) (vir inluster.) [93] Mit Rados Eintritt als Erznotar 776 fällt das *vir inluster* ganz fort und bis 800 lautet dann der Titel: *C. gratia dei rex Francorum et Langobardorum ac (atque, necnon) patricius Romanorum* [94]; von der Kaiserkrönung an endlich: *In nomine patris et filii et spiritus sancti. Karolus (Carolus) serenissimus augustus a deo coronatus pacificus imperator, Romanorum gubernans imperium qui et per misericordiam dei rex Francorum et Langobardorum.* [95]

Bei Hludwig dem Frommen als König von Aquitannien bis zum Tode Karls des Groszen 814: *Hludouuicus gratia dei rex Aquitanorum (in Christi nomine)* [96]; als Kaiser bis zu seiner Gefangennehmung auf dem Lügenfelde 833: *In nomine domini dei et salvatoris nostri Jhesu Christi. Hludouuicus divina ordinante providentia imperator augustus* [97]; nach seiner Wiederbefreiung von 834 an: *In nomine domini dei et salvatoris nostri Jhesu Christi. Hludouuicus divina repropitiante clementia imperator augustus.* [98]

[93] BRK. 59. 62. 63. 64. 66. 74. 75. 76. 77. 82 u. s. w. — Dagegen BRK. 70. Mon. Patr. Chart. 1. 53 (vollständig verdorbenes Document, vielleicht auf Grundlage einer Urk. Karlomanns (Karlo magnus!) fabriciert) u. s. w.

[94] BRK. 87. 94. 97. 100. 101. 102. 110. 113. 114. 117. 120. 125. 140. 148. 151. 157 u. s. w. — Dagegen BRK. 121. 122. 128. 129. 131. 133. 134. 136. 144. 146. 155. 164. Schöpflin Als. dipl. 1, 51. Lappenberg Hamb. Urkkb. 1, 7 u. s. w.

[95] BRK. 173. 184. 186. 197. 199. 201. BRK. 167 hat als erste echte Urk. mit Invocation die Formel: *In nomine patris et filii eius Jhesu Christi.* — Dagegen BRK. 165. 166. 169. 171. 172. 177. 178. 179. 185. 188. 189. Mabillon De re dipl. 507. Ughelli It. sac. 1, 50. Gall. christ. 2, 178. Dronke Cod. Fuld. 51 u. s. w.

[96] BRK. 202. 206. — Dagegen BRK. 205.

[97] BRK. 208. 213. 215. 220. 224. 230. 231. 233. 234. 263. 264. 265. 269. 275. 279. 282. 283. 284. 285. 291. 293. 302. 322. 324. 334. 336. 341. 343. 346. 347. 353. 354. 357. 364. 365. 378. 382. 385. 390. 392. 408. 415. 418. 425. 427. 429. 435. 437. 439. 440 u. s. w. über die Urk. im Wirtb. Urkkb. 1, 79 und BRK. 424 vgl. oben Noten 80 und 79. — Dagegen BRK. 207. 216. 219. 221. 229. 237. 249. 253. 255. 260. 261. 303. 313. 319. 333. 359. 361. 375. 376. 379. 384. 404. 407. 417. 436. Mon. Boic. 31a. 40. Mon. Germ. Leg. 2b, 6. Bouquet SS. 6, 554. Ughelli It. sac. 5, 264. Marca Marc. hisp. 771 u. s. w.

[98] BRK. 442. 444. 446. 460. 463. 478. 482. 489. 494. 495. 497. 505 u. s. w.

Unter Hlothar I bis zur Empörung gegen den Vater 833: *In nomine domini nostri Jhesu Christi dei aeterni. Hlotharius augustus, invictissimi domni imperatoris Hludouuici filius* [99]; seit 833 mit Agilmars Eintritt in die kaiserliche Kanzlei: *In nomine domini nostri Jhesu Christi dei aeterni. Hlotharius divina ordinante providentia imperator augustus.* [100]

Bei Kaiser Hludwig II bis zum Tode seines Vaters 855: *In nomine domini nostri Jhesu Christi dei aeterni. Hludouuicus gratia dei imperator augustus, invictissimi domni imperatoris Hlotharii filius* [101]; dann bis zum Eintritt des Erznotar Faremunds in die kaiserliche Kanzlei mit Weglaszung des letzten Satzes: *In nomine domini nostri Jhesu Christi dei aeterni. Hludouuicus gratia dei imperator augustus* [102]; seit Faremunds Erznotariate endlich von 869 an: *In nomine domini nostri Jhesu Christi dei aeterni. Hludouuicus divina ordinante providentia imperator augustus.* [103]

Unter dem König Hlothar II durchgängig: *In nomine omnipotentis dei et salvatoris nostri Jhesu Christi. Hlotharius divina praeveniente clementia rex.* [104]

Deszgleichen beinahe unverändert nur mit einiger abwechselnden

---

— Dagegen BRK. 443. 449. 451. 455. 458. 464. 469. 472. 476. 477. 488. 491. 498. 501. Schöpflin Als. dipl. 1, 105. 107. Dronke Cod. Fuld. 233. 234. Marca Marc. hisp. 774 u. s. w.

[99] BRK. 506. 509. 510. 535. 537 u. s. w.

[100] BRK. 539. 540. 541. 543. 545. 550. 553. 554. 555. 569. 570. 571. 577. 579. 581. 584. 589. 600. 605. 607. 609. 618 u. s. w. — Dagegen BRK. 580. 585. 590. 593. 603. 624. Bouquet SS. 8, 372. Ughelli It. sac. 1, 1112. Heumann Comm. de re dipt. imptor. 1, 499 u. s. w.

[101] BRK. 627. 628. 629. 634. 635. 636. 638 u. s. w. — Dagegen BRK. 630. 633. — Die Urk. BRK. 626 gehört wahrscheinlich in das Jahr 865.

[102] BRK. 640. 641. 642. 645. 646. 647. 652. 653. 654. 656. 657. 658. 663 u. s. w., — in den Urkk. BRK. 644. 649. 660 fehlt alle Invocation wol nur aus Versehen. — Dagegen BRK. 643. 651. 659. 661. Mon. Boic. 31a 96 u. s. w.

[103] BRK. 664. 665. 666. 668. 669. 672. 673. 676. 677. 678. 679. 680. 681. 682. 683. 684 u. s. w. in der Urk. BRK. 671 fehlt die Invocation. — Dagegen BRK. 670. Ughelli It. sac. 2, 249. Muratori Ant. 1, 935 u. s. w.

[104] BRK. 687. 692. 696. 697. 703. 707. 712 u. s. w. — Dagegen BRK. 704. 711. Ennen Kölner Geschq. 1, 447 u. s. w.

Wortversetzung im letzten Satze bei Karl von Provence: *In nomine domini nostri Jhesu Christi dei aeterni. Karolus divina ordinante providentia rex, Hlotharii quondam piissimi augusti et inclyti filius.* [105]

Unter Hludwig dem Deutschen bis zu seiner Empörung gegen den Vater 833: *In nomine domini nostri Jhesu Christi dei omnipotentis. Hludouuicus divina largiente gratia rex Baioariorum* [106]; von 833 ab zugleich mit der Uebernahme des Erznotariats durch Grimald: *In nomine sanctae et individuae trinitatis. Hludouuicus divina favente gratia rex.* [107]

Genau nach dieser Grimaldischen Formel lautet auch die Invocation und der Titel in den Urkunden der Söhne Hludwigs des Deutschen, bei Karlomann und Hludwig dem Jüngern: *In nomine sanctae et individuae trinitatis. Karlomannus (Hludouuicus) divina favente gratia (clementia) rex.* [108]

Unter Karl dem Kahlen bis zu seiner Kaiserkrönung 875: *In nomine sanctae et individuae trinitatis. Karolus gratia dei rex* [109]; seit seiner Kaiserkrönung aber: *In nomine sanctae et individuae tri-*

---

[105] BRK. 713. 714. 716. 718 u. s. w. — Dagegen BRK. 719.

[106] BRK. 721. 722 724. 725. 727 u. s. w. — Dagegen BRK. 723. 726. Mon. Boic. 31ᵃ 56. Urkkb. des Landes ob der Enns 2, 12. Gropp Hist. Amorb. 192 u.s.w.

[107] BRK. 730. 732. 735. 736. 737. 738. 740. 743. 744. 745. 746. 747. 748. 750. 753. 757. 758. 759. 762. 766. 767. 768. 769. 772. 781. 786. 788. 791. 792. 793. 794. 797. 800. 801. 804. 805. 813. 815. 818. 819. 821. 822. 833. 839. 840. 842. 848. 849. 850. 851. 856. 857 u. s. w.; die hiervon abweichenden Beispiele von Originalurkk. (BRK. 780 ausgenommen) vgl. oben Note 80. — Dagegen BRK. 844. 764. 774. 777. Dronke Cod. Fuld. 270. Harenberg Hist. Gand. 139 u. s. w.

[108] BRK. 858. 862. 863. 866. 867. 868. 869. 875; — 880. 881. 883. 885. 886. 889. 890. 891. 894. 896. Hodenberg Verd. Geschtq. 2, 15 u. s. w. — Dagegen BRK. 864. 873. Mon. Boic. 31ᵃ 101 u. s. w.

[109] BRK. 1534. 1542. 1544. 1555. 1557. 1563. 1564. 1568. 1573. 1589. 1594. 1597. 1598. 1603. 1612. 1614. 1622. 1649. 1651. 1653. 1658. 1666. 1679. 1680. 1681. 1682. 1685. 1690. 1700. 1706. 1718. 1722. 1730. 1739. 1756. 1767. 1770. 1775. 1779. 1787 u. s. w. — Dagegen BRK. 1550. 1551. 1572. 1586. 1602. 1607. 1609. 1626. 1702. 1703. 1704. 1713. 1740. 1747. 1777. 1780. 1785. Bouquet SS. 8, 438. 466. 485. 535. 546. 641 u. s. w.

nitatis. Karolus eiusdem dei omnipotentis misericordia (gratia) imperator augustus. [110]

Bei Hludwig dem Stammler durchgängig: *In nomine domini dei aeterni et salvatoris nostri Jhesu Christi. Hludouuicus misericordia dei rex.* [111]

Und ebenso bei Karlomann: *In nomine domini dei aeterni et salvatoris nostri Jhesu Christi. Karlomanus gratia dei rex.* [112]

Unter Pippin I von Aquitanien bis zu dessen Abfall von seinem Vater Hludwig dem Frommen 833: *Pippinus gratia dei rex Aquitanorum* [113]; nachher mit dem Eintritte des Erznotar Dodos: *Pippinus ordinante, annuente, praeveniente divinae maiestatis gratia Aquitanorum rex.* [114]

Unter Pippin II aber: *Pippinus ordinante (opitulante) divinae maiestatis gratia Aquitanorum rex.* [115]

In der Uebergangsepoche ist eine sichtbare Vernachläszigung der uberkommenen strengen Formen mehr oder minder bei allen Herrschern unverkennbar, aus dem einfachen Grunde, weil in ihren Kanzleien nicht mehr die alte Ordnung aufrecht erhalten wurde. Von einem Verfolgen der Einflüsze allfälliger Ereignisse oder der Wirksamkeit der verschiednen Kanzler u. s. w. kann also kaum mehr die Rede sein. Vielmehr wechseln jetzt unter Leitung ein und desselben Kanzlers die Formeln bunt durcheinander. Nur die Kaiserkrönungen Karl des Dicken 881, Arnolfs 896, Widos 891, Ludwig des Blinden 901 wie Berengars I 916 haben dauernde Aenderungen in den Titeln derselben bewirkt. [116] — Eine gröszere Re-

[110] BRK. 1793. 1796. 1802. 1803. 1804. 1809. 1813. 1820. 1824 u. s. w. — Dagegen BRK. 1799. 1812. 1818. 1825. Bouquet SS. 8, 655 u. s. w.

[111] BRK. 1829. 1834. 1835. 1836. 1847. 1848 u. s. w. — Dagegen BRK. 1832.

[112] BRK. 1849. 1853. 1862. 1869 u. s. w. — Dagegen BRK. 1851. 1864. 1868. Bouquet SS. 9, 427 u. s. w.

[113] BRK. 2064. 2065. 2066. 2067. 2068. 2069. 2070. 2071. 2072. 2073.

[114] BRK. 2074. 2075. 2076. 2078. 2079. 2081. 2082. 2083. — Dagegen BRK. 2077. 2080. 2084.

[115] BRK. 2086. 2088. 2089. 2090. 2091. — Dagegen BRK. 2085. 2087. 2092. 2093.

[116] Ein Beispiel sichtbarer Einwirkung eines Kanzlers auch in dieser Zeit laszt sich aus den Urkk. Karls des Einfältigen mit dem Eintritte Hugos (911) in die königliche Kanzlei nachweisen, von da ab treffen wir nämlich im Titel

gelmaszigkeit ist übrigens allerdings auch hier zunächst in der Invocation zu beobachten, wo die Grimaldische Formel bei den deutschen Herrschern: Karl dem Dicken, Arnolf, Zuentebulch, Hludwig dem Kind und Chuonrad [117], wie auch bei den westfränkischen besonders seit Karl dem Einfältigen, dann bei Wido und Lambert von Italien, Boso und Rudolf I von Burgund fast durchgängig beibehalten wurde, indesz Odo von Westfranken, Berengar I und II, Hugo, Lothar und Adalbert von Italien, Ludwig der Blinde, Rudolf II und III, wie Konrad von Burgund das Grimaldische Muster untermischt mit ältern Formeln wie: *In nomine domini (omnipotentis) dei aeterni (et salvatoris nostri Jhesu Christi)* oder *In nomine domini nostri Jhesu Christi (dei aeterni)* gebrauchen. [118] — Aber desto reichere Mannigfaltigkeit treffen wir dagegen in der eigentlichen Titulatur. Da wechseln nun ununterbrochen: *divina (superna) favente (ordinante, opitulante, praeordinante, praedestinante, propitiante, auxiliante, annuente, adiuvante, concedente, largiente, regnante) gratia (clementia, providentia, misericordia, pietate)* mit *dei gratia (misericordia)* oder *gratia et misericordia* oder *misericordia eiusdem omnipotentis dei* oder *divino munere* oder *divina numinis largitione* oder *nutu dei* u. s. w. durcheinander. Deszgleichen haben sich gemeinschaftlich von Vater und Sohn ausgestellte Urkunden auch in dieser Zeit in nicht geringer Anzahl

des Königs den Beinamen *Francorum* BRK. 1934. 1935. 1936. 1938. 1942. 1945. 1946. 1947. 1948. 1950. 1951 u. s. w.

[117] Ausnahmen hiervon sind sehr selten BRK. 909. 961. 985. 988. 994. 1008. 1017. 1018; — 1153. 1166; — 1188. 1202. 1219. 1231; — 1234; Schöpflin Als. dipl. 1, 98. Dronke Cod. Fuld. 296. 299. Dümmler Formelb. 85 u. s. w. — Auch die Titelformel ist wenigstens bei Karl dem Dicken noch sehr regelmäszig und die alte: *divina favente clementia (gratia)*, seltener *gratia dei*, und wesentliche Abweichungen hiervon sind verdächtig wie BRK. 909. 961. 974. 985. 988. 1003. 1007. 1008. 1009. 1017. 1018. Mittheilungen der Zürch. Antiq. Gess. 8, 17 u. s. w. Deszgleichen sind auch die Urkk. Karls des Einfältigen noch meistens mit ein und derselben Titelformel: *divina propitiante clementia* versehen BRK. 1899. 1903. 1905. 1929 u. s. w.

[118] Formeln wie: *in nomine dei sanctae trinitatis unicaeque divinitatis (deitatis); in nomine domini nostri Jhesu regis aeterni* oder *in honorem domini nostri* u. s. w. BRK. 1219. 1311. 1389. 1390. 1398. 1941 u. s. w. stehen ganz vereinzelnt da.

erhalten und zwar von Wido und Lambert, Hugo und Lothar, Berengar II und Adalbert in Italien, wie von Lothar und Ludwig V in Westfranken.[119] Auch tauchen die Völkernamen *Francorum, Aquitanorum, Burgundionum* seit Karl dem Einfältigen wieder auf und nicht minder die Beinamen: *serenus, serenissimus, pius, piissimus, gloriosus*, ja selbst *rex augustus*[120] besonders in westfränkischen und burgundischen Documenten. Nur der Beisatz *Romanorum*[121] bei dem Titel *imperator* oder *rex* scheint ebenso wie das Fürwort *Ego*[122] oder irgend welche Zahlenbezeichnung[123] wenigstens in den echten Urkunden dieser Periode zu fehlen.

4. — Über Schluszformeln, Monogramm und Besiegelung.

Zur beszern Beglaubigung und zur Bekräftigung der ausgestellten Merovingerdiplome[124] werden diese Urkunden altüberkommener römischer Sitte[125] gemäsz mit der Unterschrift des Herrschers oder dem Zeichen der fürstlichen Unterfertigung wie mit dem Abdruck des königlichen Siegels versehen. Erwähnung dieser besondern Bestätigungformen in den Privilegien selbst geschah in Betreff der Namensunterfertigung des

---

[119] Letztere einmal mit der auffallenden Formel: *Lotharius genitor, genitusque eius Lodovicus.* Bouquet SS 9, 642.

[120] BRK. 1023. 1410. 1487. 1489. 1500. 1501. 1502. 1514. 1941. 1990. 1992. 2056. 2057. Bouquet SS. 9, 626. 644 u. s. w. Die Urk. BRK. 2003 scheint gefälscht zu sein, wie auch der Beiname *simplex* in dem Privileg Karl des Einfältigen BRK. 1969 (nur im Drucke bei Bouquet, nicht bei Miraeus).

[121] BRK. 974. Mon. Boic. 31ᵃ 105. Bouquet SS. 9. 367. Dronke Cod. Fuld. 299. Böhmer Acta Conr. 37 u. s. w.

[122] BRK. 1995. Bouquet SS. 9, 633. 654. 672 u. s. w.

[123] BRK. 1458 mit *Ludovicus III.*

[124] *ut inviolabilem capeat firmitatem — firmiorem obtineat vigorem — ut haec auctoritas firmior habeatur (habiatur, sit), — firma et inviolata permaniat* u. s. w. Breq. Pard. 279. 387. 388. 410. 433. 436. 495. 498. Bordier Rec. 49. 52.

[125] In dem Rescript der Kaiser Diocletians und Maximians von 292 März 31 heiszt es: *Sancimus ut authentica ipsa atque originalia rescripta et nostra etiam manu subscripta, non exempla eorum insinuentur.* L. 3. Cod. De diversis rescriptis 1, 23.

Konigs je nach Verschiedenheit des urkundlichen Inhalts. Allgemeine Besitz- und Rechtsbestätigungen, Immunität wie Schutzverleihungen so wie alle königlichen (fiscalischen) Schenkungen sind stets am Schlusze des Privilegs mit *manus nostre (nostri) subscriptionebus subter eam* (auctoritatem) *decrevimus roborare (adfirmare)* u. s. w. versehen.[126] Dagegen fehlt dieser Satz auffallenderweise in allen Zollauflaszungen[127], worin doch gewiss auch eine Schenkung fiscalischer Rechte inbegriffen ist, und ferner regelmäszig in allen einfachen Bestätigungen von Rechtsgeschäften dritter Personen, Rund- und Ernennungschreiben an und von geistlichen und weltlichen Würdenträgern, Freilaszungbriefe[128] u. s. w. Hingegen wird in keinem echten Merovingerdocument das Aufdrücken des königlichen Siegels ausdrücklich erwähnt und alle hierauf bezüglichen Formeln wie: *de anulo nostro iussimus sigillare* oder gar *nostro proprio sigillo confirmare et signare disposuimus* u.s.w. kommen nur in ganz gefälschten oder doch stark interpolierten Urkunden vor.[129] — In allen echten Privilegien nun, in denen die königliche Namensunterfertigung angekündigt ist, steht sie auch, sonst aber in keinem.[130] Auch ist sie nicht gleichmäszig durchgeführt, denn einige Do-

[126] Breq. Pard. 279. 294. 322. 330. 387. 388. 410. 433. 436. 495. 498. 504. Bordier Rec. 49. 52. Vgl. auch Marculfi Form!. lib. I. cap. 2. 3. 4. 12. 13. 24. 30. 31, 33. 35 (Ed. Walther Corp. iur. germ. 3, 289—309). — Urkk. mit *manu propria* .... oder gar *nominis nostri monogrammate* sind natürlich falsch. Bordier Rec. 45. 47. 54.

[127] Breq. Pard. 397. 425. 477. 496 u. s. w.

[128] Breq. Pard. 331. 332, 394. 397. 418. 424. 429. 431. 434. 440. 456. 473. 497 u. s. w.

[129] Derart sind sämmtliche mit *anuli impressione* u. s. w. versehene Documente wie Breq. Pard. 111. 134. 167. 190. 232. 233. 234. 247. 252. 258. 263. 264. 265. 269. 271. 280. 281. 282. 287. 341. 351. 370. 377. 405. 462. Bordier Rec. 47 und noch sicherer alle Privilegien mit *sigilli impressione* oder gar *appensione* u. s. w. wie Breq. Pard. 88. 89. 91. 144. 169. 240. 260. 261. 262. 266. 289. 292. 306. 321. 362. 378. 482. Bordier Rec. 54.

[130] Dasz die mit königlicher Unterschrift versehene Urk. bei Breq. Pard. 243 jetzt ohne Ankündigung derselben erscheint oder umgekehrt wie Breq. Pard. 330, kann nur auf Rechnung der defecten und beschädigten Gestalt, in der sie sich nun befinden, gesetzt werden.

cumente sind geradezu eigenhändig mit *N. rex subscripsit* unterschrieben [131], andere haben nur ein Zeichen, sei es nun ein einfaches Kreuz mit *in xpisti nomene N. rex subscripsi (subscripsit)* [132] oder der Namenszug in verschränkten Buchstaben (**Monogramm**) [133] mit oder ohne den Beisatz *Signum* oder in *xpisti nomene rex subscripsit.* Selten dasz auch die Unterfertigungen der Königinnen beigefügt sind und dann wol nie ohne bestimmten Grund. [134] — Besiegelt wurden sämmtliche Urkunden der Merovinger und zwar mit einem kleinen kreisförmigen Siegel, das in rüdester Gestalt den Kopf des Königs en façe mit dem bekannten herabfallenden langen Haare der Merovinger, an beiden Seiten desselben fast immer Kreuze und in der Umschrift den Namen des Königs mit dem Zusatze... REX FRANC[ORVM] aufweist; alle andern Siegelformen sind falsch. [135] Dieses Siegel wurde stets und zwar in Wachs auf die könig-

---

[131] Breq. Pard. 245. 279. 433. 504 u. s. w. Dasz die Merovinger wirklich eigenhändig Urkunden unterschrieben haben, dafür sind uns unwiderlegliche Beweise in ihren Privilegien selbst erhalten, so heiszt es in einem Diplome König Childerics II: *ego dum propter inbecillam aetatem minime potui subscribere, manu propria subtersignavi et regina subterscripsit* (Breq. Pard. 340) oder in der Urk. König Chlodoveus II: *propria subscriptione inserere non possumus* (Breq. Pard. 294), dafür steht dann das *Signum* des Königs am Schlusz des Documents.

[132] Breq. Pard. 387. 388. 410 u. s. w.

[133] Breq. Pard. 243. 294. 322. Zur Geschichte des Monogramms dürfte folgende Stelle des Anonymus Vales. (in der Ausgabe des Amianus Marcell. [Paris. 1636.] 1, 484) einen nicht uninteressanten Beitrag liefern; es heiszt hier von dem Ostgothenkönig Theoderich: *Igitur rex Theodericus inliteratus erat et sic obruto sensu ut in decem annos regni sui quatuor literas subscriptionis edicti sui discere nullatenus potuisset. De qua re laminam auream iussit interrasilem fieri, quatuor literas regis habentem, unde ut si subscribere voluisset, posita lamina super chartam per eam penna duceret et subscriptio eius tantum videretur.*

[134] Breq. Pard. 294. 329. 337. vergl. oben Note 131.

[135] Einen goldenen Siegelring König Chlodewichs I soll die kaiserliche Bibliothek zu Paris aufbewahren nach Breq. Pard. 1, prol. 244. Den goldenen Siegelring aber König Childeberts I, wie ihn uns Heineccius De Sigillis Taf. 1, Nr. 4 (auch Nouveau traité 4. 101 u. s. w.) abgebildet zeigt (vergl. daselbst S. 15 und 116), können wir nicht für echt halten. Echte Siegelabdrücke sind uns noch jetzt an den Urkk. Breq. Pard. 387 (in Frgt.). 388. 394. 418. 431. 434.

liche Urkunde aufgedrückt, nie angehängt [136], auch niemals mehrere auf ein und dasselbe Document [137], wie uns auch kein einziges echtes Siegel in Metall bekannt geworden ist [138] ebensowenig, als dasz königliche Siegel auf Privaturkunden aufgedrückt worden wären. [139] — Weitere Bekräftigungformeln königlicher Privilegien, die in späterer Zeit eine so hervorragende Rolle spielen, wie z. B. die Androhung von Uebeln oder das Ausmasz bestimmter Geldstrafen gegen die Verletzer derselben, kommen wenigstens in echten Merovingerurkunden niemals vor [140], wie auch von Anführung von Zeugen nur höchst ausnahmsweise Gebrauch gemacht wird. [141]

[136] 473. 496. 504 erhalten, über deren Abbildungen vergl. oben das Facsimileverz. S. 62—64, wo auch zugleich die unechten an den gefälschten Urkk. Breq. Pard. 190. 260. 378. 542 hervorgehoben sind.

[137] Wie z. B. aus dem Wortlaute der Siegelankündigung *sigilli appensione* in den gefälschten Documenten Breq. Pard. 169. 261. 266 gefolgert werden könnte.

[138] so heiszt es z. B. ausdrücklich in der falschen Urk. Breq. Pard. 169: *quatuor sigillis cero albae sigillitum.*

[139] Über ein falsches Siegel König Dagoberts in Silber vergl. Heineccius De Sigillis 41.

[139] wie z. B. in dem unechten Testament des Abtes Wilderads (721), das besiegelt sein sollte *per illustri viro Amalsindone sigillo regio.* Breq. Pard. 514.

[140] wol aber in gefälschten wie Breq. Pard. 190. 191. 281. 282. 518. Bordier Rec. 54.

[141] Breq. Pard. 322. Die Mehrzahl der Urkk., in denen Zeugenunterfertigungen vorkommen, sind falsch wie Breq. Pard. 64. 65. 78. 91. 143. 232. 233. 234. 252. 255. 258. 263. 265. 266. 272. 276. 277. 282. 283. 284. 286. 290. 306. 321. 357. 366. 367. 465. 534. — Einen interessanten und zuverläszigen Anhaltspunkt für die Kritik der Merovingerurkk. bietet die Erwähnung des Titels *archiepiscopus*, der fast ausnahmslos nur in gefälschten Documenten zu finden ist, wie Breq. Pard. 64. 65. 143. 169. 242. 258. 261. 263. 264. 276. 306. 321. 362. 405. Add. 4. Auch in den päpstlichen Bullen fanden wir diesen Titel während der Merovingerepoche nur für den Orient gebraucht, Jaffé Reg. Pont. 766. 768. 1010. 1321. 1614 — aber nicht im Occident; hier erst im siebenten Jahrhundert und ausschlieszlich für Canterbury (Dorovernum) Jaffé Reg. Pont. 1652. 1619. 1647. 1648. 1728, dann im achten Jahrhundert seit Bonifacius Auftreten allmählig auch im übrigen Westen Jaffé Reg. Pont. 1724. 1753. 1755. 1801. 1846. 1869. 1874. 1887. 1912 u. s. w., wol aber häufig in derselben Zeit in gefälschten Bullen Jaffé Reg. Pont. spur. 204. 205. 211. 228. 235. 289. 291. 297. 298. 300.

Die Epoche der Karolinger zeigt auch in allen diesen Formen bald wesentliche Aenderungen und Neuerungen, wenn sie sich auch zunächst unmittelbar an die überkommenen Muster anschlieszt. Die Ankündigung der königlichen und kaiserlichen Unterfertigung ist, wie bei den Merovingern so auch hier, wenigstens in der ersten Hälfte, in der Regel vom jeweiligen Inhalte der Urkunde abhängig derart, dasz, mit Ausnahme der Ertheilung von Zollfreiheit [142], im Allgemeinen jede Verleihung von fiscalischen Rechten, von Immunitäten, aber auch jede Befreiung von fiscalischen Leistungen, wie alle Schenkungen königlicher Güter oder deren Bestätigungen mit *manu propria . . . manu propria subter . . . manu propria nostra subter eam* (auctoritatem) — *firmavimus* versehen sind, seltener mit *manu propria subter eam decrevimus affirmare, propria manu adnotatione studuimus adumbrare, manus nostre subter signaculis . . .* oder *manus nostre subscriptionibus subter eam decrevimus roborare* oder gar mit *monogramma nostrum inserere curavimus* [143] u. s. w. Bei gemeinschaftlich ausgestellten und unterfertigten Urkunden heiszt es fast immer *manibus propriis subterfirmavimus.* [144] Doch sind uns auch nicht wenige Urkunden erhalten, die von einem Fürsten ausgestellt doch die Unterfertigung mehrerer aufweisen; falls dieselbe nun gleichzeitig geschah, ist die Ankündigung derselben in den Documenten selbst Regel. [145] Alle

---

[142] wie die Originalurkk. BRK. 208. 220. 231. 336. 415. 463. 605. 791 u. s. w. beweisen.

[143] Die letzte Formel mit ausdrücklicher Bezeichnung der fürstlichen Namensunterfertigung als Monogramm wird in den Urkk. Kaiser Hludwigs II. Pippins II von Aquitanien, Ludwigs des Blinden und Lothars von Westfranken gebraucht, BRK. 680. 1482. 1483. 2030. 2088. 2089. 2090. 2091. Beyer Mittelrh. Urkkb. 1, 85 u. s. w. Gleichsam Ausnahmformeln sind z. B. *manu nostra propria subter eam scribendo corroborantes* (Bouquet SS. 8, 630.) oder *calamum in manu tenentes signavimus atque firmavimus* (BRK. 1152).

[144] BRK. 378. 380. 382. 385. 394. 402. 403. 1388. 1389. 1391. 1197. 1198. 1399. 1405. 1411. 1415. 1417. 1434. 1441. Muratori Ant. It. 1, 57. Bouquet SS. 9, 642 u. s. w. Selten dasz in solchen Fällen die einfache Zahl gebraucht ist wie BRK. 386. Muratori Ant. 5, 169. Bouquet SS. 9. 645. wie umgekehrt, dasz in Urkk. eines Ausstellers die vielfache Zahl angewendet würde wie BRK. 611. 1559. 1770. 1806 u. s. w.

[145] BRK. 780. 782. 813. 815. 835 u. s. w. Ob übrigens auch in jenen

übrigen Urkunden hingegen, die blosze Rechtsgeschäfte Dritter betreffen oder Schenkungen derselben, Ernennungen, Freilaszungen, allgemeine Schutzzusicherungen und dergleichen, entbehren dieser besondern Ankündigungformel [146], jedoch ist eine ganz strenge Folgerichtigkeit in keinem der beiden Fälle durchgeführt. [147] — Anders aber verhält es sich mit der Erwähnung des königlichen oder kaiserlichen Siegels. Diese Sitte

Documenten, in denen diese ausdrückliche Ankündigung der mitunterzeichnenden Fürsten nicht geschah, die Unterfertigung derselben eine gleichzeitige war oder nicht, wie in BRK. 720. 772 (aus Falke Trad. Corb. 85 nach dem noch weniger beschädigten Original). 799. 805. 848. 849. 850. 851. 1545. 1809? bleibt jedenfalls zweifelhaft und wird wol kaum für alle Fälle hin mit voller Bestimmtheit entschieden werden können. Die Stellung der verschiedenen Unterzeichnungen wird hier allein nicht maszgebend sein dürfen. Dasz nachträglich derlei Unterfertigungen wirklich stattgefunden haben, beweist hinreichend das Signum.... regis der Könige Arnolfs und Hludwigs des Kindes in den Urkk. Hludwig des Deutschen, Karlomanns, Karl des Dicken, Arnolfs und Zuentebulchs BRK. 849. 850. 867. 955. 1099. 1152. Freilich sind uns dagegen nicht wenige Documente zur Hand, die ja auch ohne besondere Ankündigung, doch das Handmal des königlichen Verleihers, das zweifelsohne gleichzeitig gemacht worden ist, vorweisen, wie aus den echten Originalurkk. BRK. 14. 101. 439. 495. 976. 1292. 2068 u. s. w. zu ersehen ist. Dasz übrigens mit dem Unterzeichnen der Fürsten gleichsam eine Art Zustimmungrecht ausgeübt wurde, wären wir geneigt mit Hinblick auf die Urk. BRK. 843 selbst bei den Söhnen Hludwig des Deutschen anzunehmen.

[146] Wie uns die Originalurkk., denn nur an sie kann hier mit Sicherheit appelliert werden, zeigen BRK. 75. 102. 151. 184. 197. 201. 282. 322. 324. 341. 390. 392. 446. 489. 722. 731. 735. 736. 748. 779. 798. 842. 902. 1626. 1649. 1690. 1700 u. s. w.

[147] So sind z. B. Schenkungen fiscalischer Güter, Bestätigungen derselben wie Tauschgeschäfte im Namen des Fiscus BRK. 478 497. 558. 600. 1152. 1658. 1719. 1756. 2069. Erhard Cod. Westf. 1, 11 u. s. w. ohne alle Ankündigung wie auch ohne Unterzeichnung des fürstlichen Namenszuges, während anderseits, ganz wider Regel und Gebrauch, bei Ertheilung von Zollfreiheit wie BRK. 7. 28. 97. 272 u. s. w. die Ankündigung einer königlichen Unterfertigung vorkommt. Endlich finden wir auch Urkk., denen allerdings, wie es ihrem Inhalte gemäsz sein soll, das fürstliche Handmal aufgedrückt ist, wo aber aller herkömmlichen Sitte entgegen die Ankündigung desselben fehlt BRK. 101. 439. 495 u. s. w. — Haben wir ja doch auch königliche und kaiserliche Unterzeichnungen selbst in Privaturkunden, vgl. unten Note 163 Schlusz.

führte zuerst Pippin bei den fürstlichen Urkunden ein [148] und sie wurde von nun an durchgängig von allen Karolingern befolgt. [149] Bemerkenswerth ist jedoch gleich hier der Zeitunterschied im Gebrauche des Wortes *anuli* und *sigilli*. [150] Die Formel *de anulo nostro iussimus sigillare*, *de anulo nostro subter sigillari*, *anuli nostri impressione sigillari (adsignari)* u.s.w. ist Regel die ganze eigentliche Karolingerepoche hindurch, ja weit über dieselbe hinaus in Deutschland bis zu den Zeiten Arnolfs, in Italien fast immer, in Burgund bis zu König Konrad und in Frankreich bis auf die letzten Karolinger Ludwig IV und Lothar. [151] Erst von da ab treffen wir in der Schluszformel *sigillo nostro subter*

[148] BRK. 9. 15. 22 u. s. w.

[149] Anfangs unter Pippin, Carlomann und Karl dem Groszen allerdings nicht ausnahmslos, wie wir aus BRK. 12. 14. 17. 25. 26. 29. 32. 33. 40. 42. 44. 57. 65. 68. 71. 75. 94. 97. 98 ersehen, wo überall die Ankündigung des Siegels fehlt; dagegen ist die ausdrückliche Erwähnung der Bekräftigung der Urkunde durch Aufdrücken des Siegels seit 780 gleichsam Gesetz, und Fälle in späterer Zeit, wo keines Siegels gedacht wird, wie z. B. in der Urk. Arnolfs bei Dümge Reg. Bad. 79, kommen nur selten vor, und nicht ohne dasz damit zugleich der Verdacht gegen die Echtheit solcher Documente erregt würde.

[150] Ob nicht vielleicht der Grund hiervon wenigstens beim Beginn in der Verschiedenheit der Siegel selbst gelegen haben mag, je nachdem ein Gemmen- oder ein Waffensiegel gebraucht wurde, da ersteres, wie wir sehen werden, als Ring, letzteres aber an der Kette getragen wurde, wollen wir indesz dahingestellt sein laszen, denn darüber müsten vorerst noch genauere Nachforschungen an den Originalen selbst vorgenommen werden, wenn, was übrigens wol sehr zu bezweifeln steht, derartige Untersuchungen überhaupt noch möglich sind?

[151] Ausnahmen hiervon sind in der bezeichneten Epoche auszerordentlich selten. Zum erstenmal fanden wir den Ausdruck *sigillo nostro subter eam iussimus sigillare* in einer unverdächtigen Urk. 831 bei Hludwig dem Frommen BRK. 415, dann unter Hludwig dem Deutschen BRK. 779. 837. Was sonst in dieser Periode mit *sigilli impressione* u. s. w. versehen ist, erweckt durchweg ein mehr oder minder gerechtfertigtes Bedenken gegen die Echtheit oder doch Integrität solcher Urkk., bei Originaldocumenten einmal zweifelsohne wie BRK. 2. 86. 122. 123. 443. 472. 764. 784. Wirtemb. Urkkb. 1. 76 u. s. w. aber gewisz auch grösztentheils bei Copien wie BRK. 43. 147. 149. 166. 169. 216. 376. 509. 596. 670. 774. 787. 837. 844. 911. 956. 961. 1024. 1576. 1747. 1808. Wirtemb. Urkkb. 1. 87. Schöpflin Als. dipl. 1. 107. Urkkb. des Landes ob der Enns 2. 12. Ughelli It. sac. 5. 264. Bouquet SS. 9. 519 u. s. w.

assignari u. s. w. häufig abwechselnd mit *anuli impressione* an.[152] Nebenbei werden auch frühzeitig schon die angehängten Bullen mit *bullae nostrae impressione* u.s.w. angezeigt[153], ohne dasz man an dem Ausdrucke *impressione* statt *appensione*[154] irgend welchen Anstosz nehmen dürfte, wie ja auch unter *bullae impressione* nicht geradezu nothwendig und immer ein Metallsiegel in Gold oder Blei verstanden werden musz.[155]

[152] So in Deutschland seit König Arnolf BRK. 1032. 1035. 1045. 1047. 1052. 1060. 1067. 1070. 1074. 1080. 1110. 1123. 1131; — 1153. 1166. 1168; — 1183. 1190. 1191. 1203. 1204. 1208. 1209. 1214. 1215. 1221. 1223. 1231; — 1249. 1255 u. s. w. In Italien nur selten BRK. 1399. 1403. 1428 u. s. w. In Burgund seit König Konrad BRK. 1500. 1501. 1502. 1505. 1506. 1507. 1508. 1509. 1513; — 1517. 1530 u. s. w. In Frankreich von Ludwig IV an BRK. 2025; — 2045. 2046. 2051 u. s. w.

[153] Die Sitte mit Metallbullen zu siegeln war besonders in Italien heimisch, von wo aus sie wahrscheinlich nach Westfranken verpflanzt wurde. Von den deutschen Karolingern hat einzig allein Karl der Dicke und auch er mehr für Italien und Frankreich als für Deutschland Bleibullen gebraucht. Die ausdrückliche Ankündigung derselben treffen wir schon bei Karl dem Groszen, dann bei Hludwig dem Frommen, Hlothar I, am häufigsten aber bei Kaiser Hludwig II, Karl dem Kahlen und Karl dem Dicken, ferner bei Wido und Berenger I von Italien, bei Odo, Rudolf und Lothar von Westfranken BRK. 194. 258. 388. 420. 430. 490. 563. 626. 648. 649. 651. 664. 665. 666. 668. 672. 677. 678. 679. 681. 682. 683. 924. 925. 955. 958. 964. 966. 969. 972. 993. 997. 999. 1022. 1270. 1271. 1278. 1281. 1387. 1652. 1701. 1745. 1770. 1774. 1778. 1786. 1803. 1806. 1807. 1809. 1816. 1892. 1988. Mabillon De re dipl. 507. Bouquet SS. 6, 539. 651. 8, 628. 9, 416. 571. 651. Dümge Reg. Bad. 75. Beyer Mittelrh. Urkkb. 1. 129 u. s. w.

[154] Letzterer Ausdruck ist uns nur in einer einzigen echten, aber nur Copialurk. vorgekommen BRK. 1797. Dagegen ist BRK. 472 (nach dem Original) mit *sigilli nostri appensione* falsch.

[155] Freilich nur selten und dann auch wahrscheinlich nur bei doppel oder mehrfachen Ausfertigungen ein und derselben Urk., wovon das eine Exemplar eine Bleibulle, die übrigen aber, unbekümmert um die Textankündigung, einfache Wachssiegel haben oder umgekehrt. So hat BRK. 680 trotz *ex bulla nostra . . . . inssimus adnotari* nur in einem Exemplar eine Bleibulle, in dem zweiten aber ein Wachssiegel (vgl. Muratori Ant. It. 2, 455). Aehnlich dürfte es wol auch bei BRK. 1803 gewesen sein. Hingegen hat BRK. 929 mit *anuli nostri impressione* an einer der Urkundenausfertigungen allerdings ein Wachssiegel, aber an der andern eine Bleibulle angehängt gehabt (vgl. Neugart Cod.

Auch darf ebensowenig aus der Formel *bullis* oder *bullarum impressione*[156] etwa auf eine Mehrzahl von angehängten Bullen an ein und derselben Urkunde geschloszen werden.[157] Weitere Zusätze, seien sie nun mit Bezug auf den Stoff oder die Abbildung oder den Charakter der Siegel gemacht wie z. B. *subter plumbum sigillari iussimus, bulla plumbea, anuloque imaginis nostrae, anuli nostri per ceram inpressione, nostraeque imaginis sigillo, sigillo nostrae communis imaginis* (bei den gemeinschaftlichen Urkunden Hugos und Lothars), *maiestatis nostrae sigillo aureo, anuli nostri aurei appensione, anuli palatii, anulo regiae dignitatis* u.s.w.[158] bilden im ganzen genommen immerhin nur Ausnahmen.

Es gilt nun durchweg als Gesetz, dasz alle Urkunden, in denen die königliche oder kaiserliche Unterfertigung ausdrücklich angekündigt ist, ohne Ausnahme auch mit dem fürstlichen Handmal (Monogramm) versehen sein müszen.[159] Hingegen gibt es, wenn auch allerdings nicht in

[ ] Al. 1, 426 Note h.). Wahrscheinlich ebenso war es bei den Privilegien, die Dümge Reg. Bad. 76. 77 anführt, wo ebenfalls bei *anuli impressione* dennoch Bleibullen hängen. — BRK. 1014 aber mit *bullae impressione* und Spuren eines aufgedrückten Wachssiegels, wie zugleich einer angehängten Bulle, ist falsch. (Vgl. Mon. Boic. 30ᵃ 385 Note a.)

[156] BRK. 665. 683. 1770. 1786. 1806. 1807. 1809. 1816 u. s. w.

[157] Eine in ihrer Art ganz einzige Formel ist uns in einer Urk. Karl des Dicken (BRK. 972 ex Or.) erhalten; darin heiszt es: *bulla nostra iussimus sigillari a e sigillo nostro corroborari*. Dasz hierbei kaum an eine doppelte Besiegelung gedacht werden kann, ebensowenig wie in den falschen Urkk. Hludwigs des Frommen und Arnolfs, wo es gar heiszt: *sigillo pape et de anulo nostro subter iussimus sigillari*, leuchtet nach alledem, was vorhergesagt worden, von selbst ein.

[158] Mabillon De re dipl. 507. BRK. 682. Neugart Cod. Al. 1, 471. BRK. 1153. (1158.) 1255. 1399. 1403. 1797. 1949. 1955 u. s. w. Nicht selten kommen derlei Ausdrücke in gefälschten Documenten vor, Eccard Corp. Hist. 2, 434. BRK. 596. 956.

[159] Was in Originalen hiervon eine Ausnahme bildet, ist jedenfalls gefälscht wie BRK. 443. 472. Beyer Mittelrh. Urkkb. 1, 54 u. s. w. Wenn die Urk. BRK. 230, deren Abdruck gleichfalls dem Original entnommen sein soll, nicht in Folge eines Druckfehlers, wie wir vermuthen, das *Signum* .... entbehrt, so wären wir jedenfalls genöthigt, auch sie zu den gefälschten zu zählen. Gerade hier haben wir die beste Gelegenheit, uns von dem traurigen Zustande unserer

zu groszer Zahl, unzweifelhaft echte Documente, die das fürstliche Mo-

Copialurkk. zu überzeugen, von der Dürftigkeit, Mangelhaftigkeit und Unzuverlässigkeit derselben und wie wenig man sich in rein diplomatischen Fragen auf dieselben stützen darf (vergl. auch Mon. Boic. 31ᵃ 146 Note). Nicht nur dasz den falschen oder verdächtigen Copialurkk. wie BRK. 723. 726. Mon. Boic. 31ᵃ 7. 11. Beyer Mittelrh. Urkkb. 1, 28. 104. 135 u. s. w. die im Urkundentexte angekündigte fürstliche Unterfertigung mangelt, denn dieselbe könnte ja möglicherweise auch schon im angeblichen Originale gefehlt haben, sondern wir treffen leider gleiches bei einer sehr beträchtlichen Menge von Urkunden-Abschriften und Abdrücken, wo wir fest überzeugt sind, dasz die Originale derselben sämmtlich und ganz gewiss mit dem fürstlichen Namenszug versehen waren. Es ist daher jedenfalls unerlaubt und wäre sehr unbedachtsam geurtheilt, wollten wir an der Echtheit derselben blosz auf diesen Mangel hin zweifeln. Solchen Urkunden fehlt in der Regel sogar noch mehr wie z. B. die Unterschrift des recognierenden Notars, was ebensowenig in echten Originalen vorkommen kann u. s. w. Wir wollen hier gleichsam zur Uebersicht und als neuen Beitrag zur Bekräftigung unserer früheren Behauptung (vgl. oben S. 20 Note 20) eine Reihe solcher mangelhaften Urkundenabschriften anführen: BRK. 40. 46. 51. 58. 88. 93. 116. 194. 241. 247. 248. 272. 276. 356. 370 395. 457. 471. 477. 565. 685. 699. 708. 729. 733. 754. 765. 773. 774. 780. 790. 807. 823. 832. 843. 853. 871. 879. 893. 895. 922. 952. 973. 977. 1025. 1037. 1041. 1044. 1048. 1073. 1075. 1094. 1143. 1145. 1173. 1174. 1192. 1202. 1213. 1216. 1223. 1243. 1250. 1251. 1256. 1257. 1519. 1520. 1536. 1581. 1588. 1608. 1612. 1659. 1708. 1731. 1732. 1733. 1734. 1743. 1761. 1762. 1783. 1807. 1810. 1833. 1863. 2072. 2079. 2085. 2091. Mon. Boic. 31ᵃ 123. 146. Remling Speir. Urkkb. 1. 4. Beyer Mittelrh. Urkkb. 1. 135 u. s. w. Wieviel hiervon auf Rechnung des ursprünglichen Abschreibers zu setzen sei und wieviel dem Beförderer oder Herausgeber derselben im Drucke zur Last gelegt werden müste, kann natürlich nur nach genauem Vergleichen ermittelt werden, doch scheint uns die Schuld sehr oft Letztere zu treffen; so sind z. B. fast sämmtliche Urkk. des Klosters Lorsch im Abdrucke des Codex Laureshamensis abbatiae (Mannheim 1768) ohne Anführung des *Signum*, denn die Sätze: *xpis protege Hludouuicum imperatorem (regem), xpis adiuva Hlotharium regem, Carolus imperator augustus, Arnolfus rex, Chuonradus rex* (BRK. 356. 699. 729. 879. 977. 1048. 1216. 1262) wurden nicht den fürstlichen Unterzeichnungformeln sondern den Siegelumschriften entlehnt, und doch wird ein Vergleich der betreffenden Urkk. (BRK. 1248. 1254. 1262.) mit dem Abdrucke bei Böhmer Acta Chuonradi regis 21. 26. 32 uns hinreichend überzeugen, dasz hier nicht der Cod. Laur. saec. XII, sondern der sonst so sorgfältige Herausgeber desselben, Lamey, der schuldige ist. So haben die Originalurkk. BRK. 100. 117. 173, wie uns Prof. Sickel auf unsere Aufrage

nogramm ohne dessen ausdrückliche Erwähnung dennoch aufweisen [160], wenngleich die Mehrzahl derartiger Urkunden auch richtig ohne Namenszug des Herrschers geblieben ist. [161] — Diese fürstliche Unterfertigung erfolgte regelmäszig am Schlusz des Urkundentextes [162] mit dem einleitenden *Signum* (Monogrammalis) [163] und einem nachfolgenden Ehrentitel.

gütigst mitgetheilt hat, durchweg das richtige *Signum*, das aber auch im revidierten Abdrucke bei Wenck Hess. Landesg. Bd. 3 fehlt u. s. w. Die Zahl solcher Werke voll mangelhafter Abdrücke liesz sich leicht bei der Umschau, die wir genommen, um ein Bedeutendes vermehren, doch wollen wir hier lieber gleichsam zum Ersatz eines Werkes gedenken, das uns als Muster gelten kann, wie Urkk. herausgegeben werden sollen, um zugleich in der Hauptsache auch diplomatischen Zwecken Genüge zu leisten, und das ist Kauslers Wirtemb. Urkundenbuch. Hier ist mit Einsicht und Umsicht und mit der gewissenhaftesten Genauigkeit auf Alles Bedacht genommen, was uns an Urkunden, gleichsam nach innen und auszen, interessieren kann, und hoffen wir, dasz ein derartiges Beispiel nicht ohne Nachahmung bleibt.

[160] Das steht durch unzweifelhaft echte Originale fest BRK. 41. 101. 323. 439. 495. 913. 976. 1292. 2068 Dümge Reg. Bad. 79 u. s. w., wie auch durch Copien BRK. 41. 252. 297. 396. 414. 445. 456. 493. 656. 739. 846. 847. 980. 1604. 1616. 1618. 1655. 1656. 1673. 1720. 1765. 1819. Mon. Boic. 31ᵃ 19. 133. Wirtemb. Urkkb. 1, 36. Bouquet SS. 5, 714 u. s. w. Dasz übrigens auch gefälschte Urkk., wahrscheinlich nach dem Muster echter angefertigt, derlei Formen aufweisen, zeigen uns BRK. 319. 476. 1017. 1819. Wirtemb. Urkkb. 1, 76. 87. Schöpflin Als. dipl. 1, 107 und die corrumpierten Documente ex Cod. Eberhardi bei Dronke Cod. Fuld. 158. 249. 254 u. s. w.

[161] Wie aus den Originalen BRK. 75. 102. 151. 184. 197. 201. 208. 220. 231. 282. 293. 322. 324. 336. 341. 390. 392. 415. 438. 439ᵇ 444. 446. 463. 478. 489. 497. 558. 569. 600. 605. 722. 731. 735. 736. 748. 779. 783. 791. 798. 842. 902. 1152. 1649. 1658. 1690. 1700. 1719. 1756. 2069 ersichtlich ist.

[162] Über die Stellung, äussere Anordnung und Schrift derselben vgl. oben S. 54 Note 47. Selbst die Verschiedenheit der Tinte bei diesen Unterfertigungen, sowol von dem übrigen Urkundentext (vgl. oben S. 50 Note 26), als auch untereinander, wie z. B. die später hinzugefügte Unterzeichnung König Arnolfs in BRK. 867. 955 von dem ursprünglich gesetzten *Signum* Karlomanns und Karls des Dicken, laszt sich nicht allzu schwer erkennen.

[163] Das blosse Monogramm ohne diesen Vor- und Nachsatz, wie BRK. 461, erscheint nur in gefälschten Urkunden. Ebenso ist das Vorkommen des bloszen Namens des Regenten, wie *Hludouuicus* oder *Carlomannus*, wol gewiss nur durch einen Fehler eines Copisten veranlaszt, wie denn auch in dieser Be-

Pippin und Carlomann bedienten sich noch durchgängig eines einfachen Kreuzes als Unterfertigungzeichens, das unmittelbar nach dem Worte ziehung die Urkundenbücher wie z. B. von Kleinmayern, Ried u. s. w. oft völlig unzuverlässig sind. Streng herkömmlich war es nun die ganze eigentliche Karolingerepoche hindurch, dasz stets unmittelbar nach dem Worte *Signum* das Monogramm gesetzt wurde. Die erste Abweichung hiervon in echten Documenten mit *Signum domni* (L. M.) . . . aber immerhin nur ausnahmweise treffen wir um die Mitte des neunten Jahrhunderts in Urkk. Kaiser Hludwigs II und König Hludwigs des Deutschen BRK. 626. 659. 678. 767. 793., häufiger seit Karlomanns und Hludwigs III des Jüngern Zeiten sowol in Deutschland als Frankreich BRK. 862. 875. 881. 886. 890. 939. 950. 955. 959. 992. 1012. 1022. 1793. 1796. 1803. 1809. Hodenberg Verd. Geschtq. 2, 15. . Mon. Boic. 28ᵃ 69 u. s. w., doch zur Regel wird es erst seit König Arnolf. Was daher früher mit was immer für Worten zwischen *Signum* und Monogramm gesetzt erscheint, muss geradezu für falsch oder doch für sehr verdächtig gelten wie BRK. 56. 122. 207. 375. 784 oder gar 844. Mon. Boic. 30ᵃ 375. 377. 380. Erhard Cod. Westf. 1, 20 u. s. w. Nur ganz vereinzelt kommt die Formel *Signum manus* (L. M.) . . . in Urkk. Kaiser Hludwigs II vor, BRK. 679. 680, wie *Signum est* . . . bei König Chuonrad I BRK. 1263. — Auch steht in der ursprünglichen Karolingerzeit fest, dasz sämmtliche Unterzeichnaungen, ob nun in gemeinschaftlich ausgestellten Urkk. oder wie immer sonst gemacht, stets ihr selbständiges *Signum* erhalten, BRK. 377. 378. 380. 381. 382. 383. 385. 386. 394. 399. 402. 403. 601. 610. 772. 780. 782. 799. 805. 815. 835. 848. 849. 850. 851. 867. 935. 1098. 1152. 1809. 2032. Eine einzige Ausnahme, aber freilich erst unter Lothar und Ludwig V von Frankreich, finden wir in deren gemeinschaftlicher Urk. bei Bouquet SS. 9, 642 mit *Signum Hlotharii . . . filiique eius Ludovici*, wenn überhaupt diese Urk. echt ist? (vgl. oben Note 119.) Sonst sind allerdings auch verdächtige Urkk. dieser Art gleich den echten mit selbständigem *Signum* versehen, BRK. 379. 384. 404. 547. Erst später wird es bei den italienischen Karolingern Sitte, wenn auch nicht ausschliesslich, bei gemeinschaftlichen Documenten z. B Hugos und Lothars, wie Berengars II und Adelberts die Unterzeichnungsformel auch gemeinschaftlich mit *Signa* . . . zu verbinden, BRK. 1389. 1397. 1399. 1404. 1405. 1415. 1417. 1434. 1440. 1441. Muratori Ant. It. 1, 57 u. s. w., jedoch ist auch das getrennte selbständige *Signum* dessenungeachtet hier nicht selten, BRK. 1388. 1391. 1398. 1409. 1410. 1455 u. s. w. — Hingegen müssen wir die Echtheit der Formeln, mögen sie nun in fürstlichen oder in Privaturkk. erscheinen, wie folgende: *Ego Pippinus et coniux mea Bertrada.* — *Ego Carolus hanc traditionem firmari.* — *Ego Carolus imperator subscripsi.* — *Ego Karolus imperator hanc cartulam a me laudatam et confirmatam de rogo Ludigari comes signum crucis feci.* — *Ego Hlotharius*

Signum gesetzt ward.[164] Mit Karl dem Groszen tritt aber hier eine wesentliche Aenderung ein, denn er ist es, der den monogrammatischen Namenszug gleichsam als die einzig giltige Unterzeichnungsart in die fürstlichen Urkunden einführte, die auch andauernd von allen seinen Nachfolgern beibehalten wurde.[165] Diese verschränkten Buchstaben bilden die ganze Karolingerzeit hindurch nur Namen- niemals Titelmonogramme [166], in mannigfaltiger, bald kreuzförmiger, bald viereckiger, aber niemals in kreisförmiger Gestalt.[167] Sie sind aber weder der Grösze noch auch der

---

misericordia dei imperator subscripsi (*Ego Hludouuicus imperator subscripsi*). *Hoc praeceptum fratris mei Karoli ego Ludovicus rex subscripsi* u. s. w. (BRK. 19. Dronke Cod. Fuld. 145. Ughelli It. sac. 1, 50. 440. Heumann De re dipl. imperator. 1, 499. BRK. 1545 u. s. w.) geradezu bezweifeln, da die fürstliche Namensunterfertigung auch in den sogenannten Privaturkk. durchweg ganz genau ebenso mit *Signum* ... wie in ihren eigenen Documenten zu geschehen pflegte, so in Bibl. de l'école des chart. I. Ser. 3, 50. Dronke Cod. Fuld. 212. 254. BRK. 203. 1230. 1504. 1531 u. s. w. Unterfertigungen von Königinnen in Karolingerurkk. sind uns nur selten begegnet BRK. 1900. 2032; die Urk. Pippins BRK. 19 ist falsch.

[164] Vgl. das Facsimileverzeichniss oben S. 64—65.

[165] Daher sind Documente mit blosz kreuzartigem Zeichen wie BRK. 122 und vielleicht 1296. 1491. 1496 schon deszhalb von zweifelhaftem Werthe, falls sie nicht, wie bei letzteren zu vermuthen, wegen Vereinfachung des Druckes gesetzt sind.

[166] Titelmonogramme wie BRK. 177 (abgebildet bei Heumann De re dipl. imperator. 1, Taf. 3, Monogr. Karls des Gr. Nr. 5), Wirtemb. Urkkb. 1, 87 (bei Heumann l. c. Monogr. Hludwigs des Fr. Nr. 6), BRK. 574 (bei Ughelli It. sac. 4, 582) können daher unmöglich echt sein. So steht auch gewiss nur aus Versehen im Monogramm König Hlothars II BRK. 707^b (bei Muratori Aut. wie in den Orig. Guelf.) ein X statt eines S.

[167] Über die Monogrammenliteratur vergl. Schönemann Versuch eines System der Dipl. 1, 204, auch Ducange Gloss. ad verb. Monogramma (ed. Henschel 4, 535 ff. Fast von sämmtlichen Karolingern, mit Ausnahme von Karl von Provence, Robert und Ludwig V von Frankreich und Pippin II von Aquitanien liegen uns Abbildungen echter wie gefälschter Monogramme vor, vgl. oben S. 65 ff. das Facsimileverzeichniss und von den dort fehlenden wie z. B. von Kaiser Hludwig II sind uns Abdrücke bei Muratori Ant. zu BRK. 636. 645. 664. 666. 668. 680 u. s. w. ferner bei Heumann l. c. 2, Taf. 2, Nr. 15 [und irrthümlich l. Taf. 3 unter den Monogr. Hludwigs des Fr. Nr. 5 ein gefälschtes Hludwig dem Fr statt Kaiser Hludwig II (BRK. 665) zugeschrieben]

Verschränkung der Buchstaben nach gleichmäszig selbst nicht bei einem und demselben Fürsten gehalten, wie uns jeder Vergleich von Originalurkunden auf das bestimmteste überzeugen kann, denn sie wurden offenbar von den jeweiligen Schreibern oder Kanzlern frei gezeichnet und nur ein verbindender Zug zwischen den einzelnen Buchstaben, der sich noch jetzt oft sehr deutlich in den Originalen unterscheiden läszt [168], ist höchst wahrscheinlich von dem das Privileg verleihenden Könige oder Kaiser eigenhändig gemacht worden. Damit war dann die betreffende Urkunde gleichsam besonders feierlich ausgefertigt und vollzogen. [169] Nach dem Monogramm folgte der Name des Fürsten und hierauf fast ausnahmlos [170]

[168] erhalten: so auch von König Boso bei Gatterer Abr. der Dipl. Taf. 8, Nr. 52; von Ludwig dem Blinden bei Muratori Ant. zu BRK. 1455. 1457. 1461. 1462. 1466. 1476 u. s w.; von Rudolf I von Burgund in den Orig. Guelf. zu BRK. 1484; von Rudolf II bei Murat. und Orig. Guelf. zu BRK. 1490. 1492. 1497. 1498 u. s. w. Ferner treffen wir Monogrammenabdrücke in der Mehrzahl der diplomatischen Hülfbücher, wie Nouveau traité 5, 21 ff. Köhler Teutsche Reichshist. 23. 52. 53 u. s. w. Gatterer Abr. der Dipl. Taf. 8 u. s. f., bei Bucelinus Germaniae topo-chronostemmatograph. 2, 307—318, in den Acta SS. Apr. 2, Propyl. 13 ff., Götz Deutsche Kaisermünzen u. s. w.; in einer Menge von Urkkb. wie Schaten Hist. Pad., Meichelbeck Hist. Fris., trefflich und zahlreich (gegen 150 Abb.) in Muratori Ant. It. und SS. 1 b 432, ausgezeichnet in Erhard Cod. Westf. 1, Taf. 3 u. s. w., dagegen mangelhaft bei Ughelli It. sac. — Abbildungen falscher und verdächtiger Monogramme lieferte uns Heumann l. c. 1, Taf. 3, Monogr. Karls des Gr. Nr. 2. 3. 4. 5; Hludwigs des Fr. Nr. 2. 3. 6. 7; Hlothars I Nr. 2. 3; — 2, Taf. 2, Nr. 2. 3. 6. 13 a. b (zu BRK. 48. 122. 130. 177. 202. 591. 862. Wirtemb. Urkkb. 1, 87 u. s. w.). — Über die Farbe der Monogramme vgl. oben S. 50 Note 27; über Monogramme auf Siegeln vgl. die Bleibullen Karls des Kahlen bei Heumann l. c. 1, Taf. 7, Nr. 2. 3, und auf Münzen endlich vgl. Müller Deutsche Münzg. 1, 186. 193. 197. 203.

[169] z. B. in BRK. 263. 354. 408. 732. 494. 744. 746. 794. 801. 890. 950. Wirtemb. Urkkb. 1, 24 u. s. w.

[170] Sonst echte Urkunden ohne diesen Verbindungzug oder Vollziehungstrich im fürstlichen Monogramm wie BRK. 840 (im Monogr. Karlomanns). 1423. 1534. 1803. 1954 dürfen deszhalb nicht gleich verworfen werden. In gefälschten Documenten fehlt allerdings dieser Zug im Monogramme auch wie bei BRK. 123. 124. Erhard Cod. Westf. 1, 20; öfter ist er aber auch nachgemacht wie BRK. 86. 171. 207. 591. 778. 880 b Beyer Mittelrh. Urkkb. 1, 52 u. s. w.

[170] Abgesehen von den Unterfertigungen der Söhne Hludwigs des Deutschen während der Lebzeit ihres Vaters in BRK. 772. 780. 782. 799. 805. 813.

ein besonderer Ehrentitel als Beisatz. Bei Anwendung dieses Ehrennamens wird in der eigentlichen Karolingerepoche, besonders seit Karl dem Groszen [171], mit einer beinahe ähnlichen Stetigkeit und Consequenz in der fürstlichen Kanzlei verfahren, wie wir solche bereits bei der Invocation- und Titelformel kennen gelernt haben. Auch hier wirken Ereignisse wie z. B. die Annahme einer neuen Herrscherwürde [172], wie auch der Wechsel im leitenden Personal der Kanzleien z. B. unter Hludwig dem Deutschen oder Pippin I von Aquitanien [173] sichtbar ein. Eine Erweiterung durch

---

815. 835. 848. 849. 850. 851, fanden wir nur in einem einzigen echten Original, in der Urk. Hludwigs des Kindes von 904 Aug. 3, das einfache *Signum domni Hludouuici* (Lacomblet Niederrh. Urkkb. 1, 45). Die Urk. Karls des Kahlen von 843 Feb. 23 mit *Signum Karoli* (Bouquet SS. 8, 438) ist auch schon aus andern Gründen verdächtig.

[171] Unter Pippin und Carlomann steht zwar die Formel *Signum . . . . . gloriosissimo rege (gloriosissimi regis)* fest, BRK. 15. 22. 26. 27. 28. 29. 30. 37 u. s. w., doch kommen hiervon besonders in Betreff der Stellung der einzelnen Worte allerdings Abweichungen in unzweifelhaft echten Originalen auch vor. BRK. 7. 11. 14. 37, vorausgesetzt freilich, dass die Abdrücke richtig sind.

[172] So ist nach der Kaiserkrönung der Titel *rex* auch in der Unterfertigung unstatthaft und nur in gefälschten oder corrumpierten Urkk. möglich wie BRK. 168. 190. 207. 249. 974. 1126. Bouquet SS. 6, 537 u. s. w., wie umgekehrt wieder in einer verworrenen Urk. König Karls des Dicken die Unterzeichnung als *imperator* (Oestr. Notizbl. 1, 100) vorkommt.

[173] Die Urkk. Hludwigs des Deutschen zeigen deutlich auch in der Unterfertigungformel die Spuren jeweiliger Änderung in der königlichen Kanzlei, denn während unter Gauzbalds und Grimalds Erznotariate constant *Signum H . . . gloriosissimi regis* geschrieben wurde, BRK. 721. 725. 727. 730. 732. 737. 738. Wirtemb. Urkkb. 1, 109 u. s. w., wechselt diese Formel unter der minder geregelten Führung Radleics mit *Signum domni H . . . serenissimi regis* ab BRK. 740. 743. 744. 745. 753. 757. 758. 759. 762. 766. 767. 769, und wird erst wieder stät als *Signum (domni) H . . . serenissimi regis* unter Balderic, Grimald, Wittgar und Heberhard, BRK. 772. 781. 786. 788. 789. 811. 814. 821. 822. 833. 838. 839. 850. 856. 857 u. s. w. — So haben alle unterfertigten Urkk. Pippins I von Aquitanien vor 833 einfach *Signum P . . . regis* (BRK. 2066. 2067. 2068. 2070. 2071), seit dem Eintritte Dodos als Erznotar aber *Signum P . . . gloriosissimi regis* (BRK. 2074. 2076 u. s. w.). Pippin II aber führt durchweg die ganz exceptionelle Formel: *Signum P . . . praecellentissimi regis* (BRK. 2088. 2089. 2092. 2093). — Dagegen verändert sich in den Urkk. Kaiser Hlothars I mit 837 die bis dahin gebrauchte Unterzeichnungformel

Hinzufuguug des Wortes *domnus* zum Namen des Regenten [174] und des Beiwortes *augustus* zum oder statt des Titels *imperator* [175] findet erst allmählig statt; jedoch fast nie die Erwähnung von Völker- oder Ländernamen wie *Francorum* oder *Romanorum*. [176] Von den Ehrenbeiwör-

---

[173] *Signum H ... gloriosissimi augusti* (BRK. 506. 511. 512. 514. 515. 516. 517. 519. 520. 527. 531. 532. 533. 535. 537. 541. 545. 550) plötzlich in *Signum H ... serenissimi augusti* (BRK. 553. 554. 555. 579. 580. 581. 589. 595. 597. 598. 606. 607. 613. 615. 616. 617. 618. 622. 624 u. s. w.), ohne dasz wir irgend welche Veranlaszung oder irgend welchen Anhaltspunkt in der Kanzlei oder anderswo anzugeben im Stande wären.

[174] Mit Hludwig des Deutschen Regierung und zwar unter dem Erznotar Radleic fängt dieser Titel an gebräuchlicher zu werden. BRK. 743. 745. 753. 757. 758. 759. 762 u. s. w. Was vordem mit *domnus* in der Unterzeichnungsformel erscheint, ist geradezu Ausnahme wie BRK. 7. 11. 32. 186. 264. 495. 555 oder gefälscht wie BRK. 2. 122. 171. 207. 375. Mon. Boic. 30a 375. 377. 380. Wirtemb. Urkkb. 1. 76 u. s. w. Auch nachher finden wir diesen Ehrennamen in der eigentlichen Karolingerzeit, jedoch nicht ausschliesslich, nur noch bei Kaiser Hludwig II, Karlomann und Karl dem Dicken, aber nicht bei König Hlothar II, Hludwig III dem Jüngern und Karl dem Kahlen. Erst seit Arnolfs Zeiten kommt er so recht eigentlich in Gebrauch.

[175] Blosz *augustus*, gleichsam statt *imperator*, steht durchaus in allen Unterfertigungen Kaiser Hlothars I (vgl. Note 173 Schlusz) und grösstentheils auch bei Kaiser Hludwig II, BRK. 627. 635. 636. 638. 645. 664. 668. 669. 684 u. s. w. — Von da ab wird dann *imperator augustus* die regelmäszige Formel der Kaiserunterzeichnungen bei Karl dem Kahlen, unter Karl dem Dicken (wenigstens für gewöhnlich), wie bei Arnolf (BRK 1796. 1802. 1803. 1804. 1809. 1813. 1820. 1824; — 955. 956. 958. 959. 966. 979. 992. 999. 1015. 1021 1022. 1023. Mon. Boic. 28a 69. 70. Mittheil. der antiq. Ges. zu Zürich 8, 17; — 1122. 1123. 1129. 1132. 1136. 1137 u. s. w.) — Was früher in den Urkk. z. B. Karls des Gr. oder Hludwigs des Fr. mit *imperator augustus* erscheint, wie in BRK. 171. 369. 375. 417. 447. 483. 488. Mon. Boic. 30a, 375. 377, lässt mit Sicherheit auf Fälschung oder arge Corruption schlieszen. Ganz unerhört ist *Signum ... augusti regis* (BRK. 974), und nur ganz am Schlusz der Karolingerperiode unter Lothar von Westfranken treffen wir derlei Formeln, wie im Titel (vgl. oben Note 120), so in der Unterzeichnung BRK. 2056. 2057.

[176] wie in den gefälschten Privilegien BRK. 1. 6. 17. 643. Harenberg Hist. Gand. 139. Dronke Cod. Fuld. 46. 156. 295. 299. — oder gar wie bei Dümler Formelb. 3. — Erst gegen Ende der französischen Karolingerherrschaft

tern waren *gloriosissimi* [177] und *serenissimi* [178] die gewöhnlichsten und gebräuchlichsten, erst in der Uebergangepoche kamen *invictissimi, piissimi* und dgl. hinzu. [179] — Zur leichtern Uebersicht möge auch hier, wie

taucht auch hier, ähnlich wie bei der Titulatur, der Beisatz *Francorum* auf. BRK. 1979. 2018. 2030. 2040. 2056. 2057. 2063. Bouquet SS. 9, 359 u. s. w.

[177] Durchgängig bei Pippin, Carlomann und Karl dem Gr., anfangs auch bei Hlothar I und Hludwig dem Deutschen (vgl. oben Note 173), und dann wieder ausnahmlos bei Karl dem Kahlen, Hludwig dem Stammler, Karlomann und bei fast sämmtlichen westfränkischen Karolingern, wie auch die zweite Hälfte der Regierung von Pippin I von Aquitanien hindurch. — Dagegen bloss *Signum . . . gloriosi regis* in den Urkk. König Hlothars II BRK. 685. 686. 687. 688. 704. 705. 707. 709. 710. 712 u. s. w und theilweise auch bei Karl von Provence BRK. 716. Bouquet SS. 8, 397. — Bei allen diesen Herrschern beruhen deszhalb Ehrenbeinamen, wie *praecellentissimi, illustris, magni, invictissimi, serenissimi, piissimi* u. s. f., mit ganz geringer Ausnahme auf Fälschung oder Corruption, so BRK. 16. 149. 172. 185. 166. 1698. 1713. 1797. Mon. Boic. 30ᵃ 377. Ennen Kölner Geschtq. 1, 447. Bouquet SS. 6, 537 u. s. w.

[178] Regelmäszig unter Hludwig dem Fr., die spätere Regierungepoche Kaiser Hlothars I und König Hludwigs des Deutschen hindurch, ferner unter Kaiser Hludwig II, wie König Hludwig III dem Jüngern, und grösztentheils auch bei Karl dem Dicken. Abweichungen hiervon in den Documenten der genannten Regenten gehören auch zu den seltenen Ausnahmen und sind wol meist Fälschungen (BRK. 236. 237. 246. 279. 355. 361. 375. 382. 383. 454. 467. 468. 486. 487. 501. 502. 503. 592. 636. 638. 643. 764. 869. 959. Wirtemb. Urkkb. 1. 79. Dronke Cod. Fuld. 277 u. s. w.). Deszhalb muss auch in der Urk. Hludwigs III des Jüngern bei Hodenberg Verd. Geschtq. 2, 15 *serenissimi* und nicht *invictissimi* ergänzt werden. — Übrigens gehören doppelte Ehrennamen in dieser eigentlichen Karolingerzeit zu den grössten Seltenheiten sowol in echten (BRK 186. 889. 1012) wie in unechten und verdächtigen Documenten (BRK. 176. 643. 719); selbst in der Übergangepoche kommen sie auch nur ausnahmweise vor (BRK. 1153. 1312. 1405. 1987 u. s. w.). Auch treffen wir wenigstens ursprünglich, abgesehen von Privaturkk., genealogische Anspielungen, wie BRK. 203. 1503, nur in zweifelhaften Documenten an (BRK. 844. Bouquet SS. 6, 565), wol aber später wie BRK. 2032. Bouquet SS. 9, 642 u. s. w.

[179] Seit Karlomann, dem Sohne Hludwigs des Deutschen, hört die strenge Regelmäszigkeit, wie wir sie bis dahin beobachten und kennen gelernt haben, auf, doch bleiben *serenissimi* und *gloriosissimi* in Deutschland wie in Italien die zumeist angewendeten Ehrennamen, neben denen am häufigsten *piissimi* (BRK. 869. 1051. 1155. 1166. 1245. 1246. 1253. 1260. 1288. 1344. 1355. 1372.

bei der Invocation und Titulatur, ein Verzeichniss der verschiedenen Unterfertigungformeln, wie sie als Regel bei den einzelnen Herrschern in der eigentlichen Karolingerperiode gegolten haben, folgen:

In den Urkunden Pippins und Carlomanns heiszt sie: *Signum Pippino (Carlomanno) gloriosissimo rege.*

Unter Karl dem Groszen: *Signum Caroli gloriosissimi regis (imperatoris).*

Bei Hludwig dem Frommen: *Signum Hludouuici serenissimi imperatoris.*

Unter Kaiser Hlothar I bis 837: *Signum Hlotharii gloriosissimi augusti;* nachher aber: *Signum Hlotharii serenissimi augusti.*

Bei Kaiser Hludwig II: *Signum (domni) Hludouuici serenissimi (imperatoris?) augusti.*

Unter König Hlothar II: *Signum Hlotharii gloriosi regis.*

Bei Karl von Provence: *Signum Karoli (gloriosi) regis.*

Unter Hludwig dem Deutschen und zwar während Gauzbalds und Grimalds Erznotariates: *Signum Hludouuici gloriosissimi regis,* dagegen unter Radleic's Kanzleileitung abwechselnd: *Signum (domni) Hludouuici gloriosissimi (serenissimi) regis* und seit Balderic's Führung wieder: *Signum (domni) Hludouuici serenissimi regis.*

Unter Hludwig III dem Jüngern: *Signum Hludouuici serenissimi regis.*

Bei Karl dem Kahlen: *Signum Karoli gloriosissimi regis (imperatoris augusti).*

1373. 1427. 1428. 1497 u. s. w.), dann *invictissimi* (BRK. 863. 867. 868. 1035. 1047. 1052. 1053. 1068. 1258 u. s. w.) und *largissimi* in Übung sind (BRK. 1054. 1070. 1071. 1072 u.s.w.), seltener oder ganz vereinzelnt erscheinen *excellentissimi* (BRK. 1270. 1271. 1955), *clarissimi* (1235. 1317), *gratiosissimi* (1154), *praecellentissimi* (1997), *optimi* (1314), *magnifici* (1866), *inclyti* (1967), *bonae indolis* (2027), wie *benignissimorum* (1434). Letztere Formel im Anschluss an die in Italien eingeführte Sitte (vgl. oben Note 163) bei gemeinschaftlich ausgestellten Urkk. auch die *Signa* zu verbinden, daher selbstverständlich auch *serenissimorum, piissimorum* u. s. w. beigefügt werden muste (BRK. 1397. 1403. 1415. 1417. 1440 u. s. w.). — Unterfertigungen endlich mit *Signum .... caesaris et imperatoris* oder *Signa piissimorum principum .... serenissimorum regum* (BRK. 1281. 1405) können gleichsam nur als Curiositäten unsere Aufmerksamkeit beanspruchen.

Und ebenso unter Hludwig dem Stammler und Karlomann: *Signum Hludouuici (Karlomanni) gloriosissimi regis.*

Bei Pippin I von Aquitanien bis 833: *Signum Pippini regis*; seit Dodos Erznotariate: *Signum Pippini gloriosissimi regis.*

Unter Pippin II von Aquitanien: *Signum Pippini praecellentissimi regis.*

Nach der fürstlichen Unterzeichnung, der Notariatsrecognition und höchst wahrscheinlich auch erst nach der Datierung erfolgte die **Besiegelung** der Urkunde.[180] Sie geschah der Regel nach am Schlusze des Recognitionzeichens der Kanzlei, wo das Pergament kreuzweise durchschnitten wurde[181] und zwar durch Aufdrücken des fürstlichen Siegels auf eine eigens zubereitete weisze Wachsmasse.[182] Im Gegensatze zu dem Merovingischen Siegel tritt hier bei den Karolingern ein wesentlicher Unterschied gleich unter König Pippin in höchst bezeichnender Weise zu Tage. Denn es ist nicht mehr das rohe Machwerk, das wir bei den Merovingern gewahrten, womit jetzt die königlichen Documente bekräftigt werden sollten, sondern es sind echte antike **Gemmen** (Intaglio), deren

[180] Wie aus der geläufigen Schluszformel der Urkk.: *manu propria nostra confirmavimus et sigillo nostro* u. s. w., oder noch zuverläsziger aus Stellen wie folgende: *anuli nostri impressione subter eam iussimus sigillari postquam eam manu propria nostra subter firmavimus* (BRK. 802) gefolgert werden muss. Dasz auch erst nach der Recognition gesiegelt worden ist, ergibt sich klar daraus, dasz das Siegel in der Regel in das Recognitionzeichen hinein aufgedrückt wurde. Ausnahmen hiervon finden nur selten sowol bei echten (BRK. 110. 976. 1155. Dronke Cod. Fuld. 282. vgl. auch Mabillon De re dipl. 138 § 9) wie bei unechten Documenten (BRK. 123. 171. 778) statt. Und ebenso scheint die Datierung gleichzeitig mit der solennen fürstlichen Ausfertigung geschehen zu sein, wie man aus der Gleichheit der Tinte in BRK. 746. 792 und noch zuverläsziger aus BRK. 732 zu folgern berechtigt ist, wo der Querstrich des Monogramms wie die Zahl des Datums gleichmäszig verwischt erscheint.

[181] Vgl. die Facsimile zu BRK. 285. 1247. Nouv. traité Taf. 92 u. s. w.

[182] Nicht aber wie in der gefälschten Urk. Karls des Dicken BRK. 961 (Or. im Staatsarchiv zu Wien) in schwarzem Wachs. — Deszhalb musz sich auch auf der Kehrseite der Urkunde stets dieselbe Masse wie auf der aufgedrückten Siegelseite zeigen, und jede Ausnahme hiervon erregt mit vollem Recht Verdacht **gegen** die Echtheit, zunächst selbstverständlich nur der Besiegelung, so in BRK. 107. 451. Erhard Cod. Westf. 1, 20 u. s. w.

sich Pippin, sogar noch ehe er König der Franken ist [183], zu diesem Zwecke bedient und die von nun an fast die ganze eigentliche Karolingerepoche hindurch, ja in Frankreich, zum Theil auch in Deutschland und Italien weit über dieselbe hinaus in Anwendung gekommen sind. [184] Karl

[183] Vgl. die Facs. der Pippinischen Majordomatsurkk. oben S. 64.

[184] Über die Siegelliteratur im Allgemeinen vgl. Schönemann Vers. eines Systems der Dipl. 1, 208 ff. und Chassant et Delbarre Dictionnaire de Sigillographie. Paris 1860 (oberflächlich und durchaus nicht erschöpfend; daselbst S. 247 auch eine Bibliographie der Sigillographik). Für Deutschland insbesondere Roemer-Büchner Die Siegel der deutschen Kaiser. Frankfurt 1851, aber höchst mangelhaft und kritiklos (so gehört Siegel Nr. 3 nicht Hludwig dem Fr., sondern Hludwig dem Kinde, Nr. 5 nicht Kaiser Hlothar I, sondern König Hlothar II zu). Für Frankreich: Trésor de numismatique: Sceaux des rois et reines de France. Paris 1834. Taf. 1. 2. Wailly Éléments de Paléographie 2, 338 ff. — Es liegen uns im Ganzen Siegelabbildungen von ungefähr 150 Karolingerurkk. vor: vgl. oben das Facsimileverzeichniss [wo aber bei BRK. 711. 778 und ad ann. 874 Februar 26 die Siegelabbildungen noch nachträglich anzuführen sind], ferner Heineccius De vet. sigillis, Heumann Comm. de re dipl. imperator 1. Taf. 4—7. 2, Taf. 3. 4, Nouveau traité dipl. 4, 68. 120 ff., Muratori Ant. It. mit 31 Siegelabb., Zyllesius Defensio abb. S. Maximini, Eckart Comm. de reb. Franc. orient., Falke Trad. Corb., Schannat Trad. Fuld., Mon. Boic. 11, Taf. 1. 2. Gatterer Abr. der Dipl., Meichelbeck Hist. Frising., Harenberg Hist. Gandersh., Scheuchzer und Lochmann Alphab. ex dipl. et cod. Thuricensib., Götz Deutsche Kaisermünzen, Förstemann Neue Mitth. Bd. 7, Boehmer Cod. Moeno-Franc., Günther Cod. Rheno-Moss., Lacomblet Niederrh. Urkkb. u. s. w. Leider ist auch hier wie bei den Monogrammen Ungenauigkeit und Unzuverlässigkeit in den Abdrücken nur allzu häufig anzutreffen, so ist oft ein und dasselbe Siegel ganz verschieden gezeichnet z. B. BRK. 201 bei Mabillon und Eckart Comm. 2, 91 Nr. 4; — BRK. 881 in Orig. Guelf. und Eckart Comm. 2, 890; — BRK. 1244 im Chron. Gotw. und bei Falke Trad. Corb. Taf. 7 Nr. 3 u. s. w. Doch läszt sich mit dem vorhandenen Material und dem Resultate eigener Beobachtung an Originalurkk., wodurch uns, mit Ausnahme einiger aquitanischen und burgundischen Fürsten, beinahe von sämmtlichen Karolingern Abbildungen ihrer Siegel zu Gebote stehen, immerhin ein mehr oder weniger sicheres Urtheil über die Entwicklung und den Hergang der Besiegelung gewinnen. Was bisher über diesen Gegenstand geleistet worden, scheint uns jetzt geradezu unzureichend und veraltert. Es müste vor allem, sollte etwas tüchtiges zu Stande kommen, unmittelbar auf die Originale zurückgegangen werden. Dabei dürfte z. B. bei den Gemmensiegeln (vgl. Krause, ad verb. Gemmae in Ersch und Gruber Allgem.

der Grosze fügte den Gemmen die **Ring**umschrift hinzu, die, gleich dem Monogramme, bei Pippin und Carlomann noch fehlt. [185] Die Grösze eines solchen Siegels sammt Einfaszung beträgt durchschnittlich viertbalb Centimeter. Der Gestalt nach sind sie ohne Ausnahme oval. [186] Die Brustbilder [187] durchweg en profil [188], zeigen die Köpfe im Abdrucke meist nach rechts gewendet [189], mit oder ohne Bart, mit oder auch ohne Lor-

[185] Encyklopädie I Sect. 57, 274 ff.) eine Vergleichung und genauere Bestimmung mittelst der römischen Kaiserintaglios, wovon eine so bedeutende Anzahl insbesondere in der Berliner Sammlung aufbewahrt wird (vgl. Toelken Verzeich der antiken vertieft geschnittenen Steine · der kgl. preusz. Gemmensammlung 325 ff. und Arneth Die antiken Cameen des k. k. Münz- und Antiken-Cab. 5), von nicht geringem Nutzen sowol für unsere Siegel- wie für die Gemmenkunde werden, wie sich gewiss nicht minder lehrreiche Resultate auch für die Geschichte unserer Goldbullen wie für die Kunstgeschichte aus einer Collation mit den gleichzeitigen Erzeugnissen von Byzanz ergeben würden.

[186] Wir halten deszhalb das Siegel an BRK. 3 von einer Urk. Karl des Gr. entlehnt und jenes an BRK. 21 (Nouveau traité 4, 68) für entschieden falsch. — Dagegen müssen spätere Gemmensiegel ohne Ringumschrift wie an BRK. 123. 440. 569 (Muratori Ant. 5, 277. Heumann Comm. 1, Taf. 7). 735 (Mon. Boic. 11, Taf. 1 Nr. 3). 778. 921 (Muratori 3, 753) und bei Dümge Reg. Bad. 72 u. s. w. für beschädigt oder verdächtig oder geradezu für gefälscht gelten. — BRK. 1874 dürfte vielleicht eine einzige Ausnahme bilden?

[187] Schon deszhalb würden die Siegel bei BRK. 171 und an der Urk. bei Beyer Mittelrh. Urkkb. (Acta SS. Apr. 2. Propyl) zu verwerfen sein. Die Siegel dagegen an BRK. 709 (Muratori 6, 31. Heumann 2, Taf. 4 Nr. 11) und 753 sind wol nur fehlerhaft gezeichnet.

[188] Niemals stehende Figuren wie an der Urk. Hludwigs des Deutschen von 873 Jun. 13 bei Harenberg Hist. Gandersh. Taf. 16, Nr. 2, Heumann 2, Taf. 4, Nr. 6.

[188] nicht aber en face wie BRK. 171 (offenbar nach einem Ottonischen Muster verfertigt) und 778. — Nur BRK. 27 bildet eine Ausnahme.

[189] vom Siegelabdruck wie auch vom Beschauer aus betrachtet. Nur die Urkk. Carlomanns, Hludwigs des Deutschen (ausgenommen am Beginn seiner Regierung unter Ganzbalds Erznotariate, vgl. aber unten Note 192), Hludwigs III des Jüngern, Arnolfs und Hludwigs des Kindes machen hiervon eine Ausnahme, die Köpfe auf den Abdrücken ihrer Siegel sind hier durchweg nach links gerichtet, so zu BRK. 30. 730. 753. 759 (Mon. Boic. 11, Taf. 1 Nr. 4). 769 (Heumann 2, Taf. 3 Nr. 3). 772 (Falke Taf. 1 Nr. 3). 789 (Heumann l. c. Nr. 4). 804 (Mon. Boic. l. c. Nr. 5). 814 (Falke l. c. vgl. S. 300). 839 (Heumann

beerkranz, und das Oberkleid auf der rechten Schulter zugeheftet. [190] Diese wechselnden Bildnisse auf den Siegelabdrücken kommen nun bunt durcheinander in den Urkunden ein und desselben Regenten vor, woraus sich der gleichzeitige Gebrauch mehrerer Siegel in ein und derselben Kanzlei von selbst ergibt. [191] Eine einzige Ausnahme scheint am Beginn der Regierung Hludwigs des Deutschen unter dem Erznotar Gauzbald stattgefunden zu haben. [192] Beinahe alle diese antiken Gemmensiegel

[190] l. c. Nr. 1). 856 (Muratori 2, 215). Erhard Cod. Westf. 1, 20 (Eckart Comm. 2, 614. Heumann l. c. Nr. 2). Walther Lex. dipl. — BRK. 880b 881. 886. 890 (Mon. Boic. l. c. Nr. 6). — 1027. — 1183. — 2026 u. s. w.

[191] So zeigen BRK. 27. 45. 110. 184 (Eckart Comm. 2, 863. Heumann Comm. 1, Taf. 4 Nr. 5). 234. 275. 339 (Mon. Boic. 11, Taf. 1 Nr. 1). 341. 450 (Falke Taf. 2 Nr. 6). 497 Eckart l. c. 329 Nr. 4. Falke l. c. Nr. 7). 542 (Muratori 3, 93). 543 (Heumann Comm. 1, Taf. 6 Nr. 4). 571. 772. 789. 814. 1183 u. s. w. bärtige Köpfe, dagegen bartlose BRK. 30. 346 (Heumann Comm. 1, Taf. 5 Nr. 4). 385. 442. 452 (Heumann l. c. Nr. 2) 659 (Muratori 1, 569). 687. 730. 753. 769. 804. 839. 856. 880b 881. 886. 890. 934 (Muratori 3, 51). 944 (Mon. Boic. l. c. Nr. 7) u. s. w. — Ebenso sind mit Lorbeerkranz geziert BRK. 201. 234. 275. 339. 341. 442. 450. 452. 497. 543. 571. 659 687. 839. 856. 921. 934. 944. 1534. 1820. 1847. 1862. 1954 u. s. w., dagegen ohne Lorbeerkranz BRK. 45. 49. 107 (Muratori 3, 85). 110. 385. 542. 730. 753. 759. 772. 789. 804. 814. 880b 881. 890. 1183 u. s. w. BRK. 27 zeigt einen Kranz von Rebenlaub, BRK. 184. 1874 ein Stirnband statt des Lorbeers und BRK. 886 einen Helm, niemals aber wie auf falschen Siegeln z. B. BRK. 171 eine Krone. Auch BRK. 2026 mit einer Zackenkrone geschmückt dürfte kaum eine antike Gemme sein? — Ohne Oberkleid sind BRK. 346. 769. 839. 856. 1874 u. s. w. — An Porträte darf daher bei allen diesen Gemmensiegeln selbstverständlich gar nicht gedacht werden, und wenn Hirsch, Baiern in der zweiten Hälfte des X. Jahrh. 5 Note 1, die Urk. Hludwigs des Kindes (BRK. 1193) verwerfen will, weil das Siegel daran einen bärtigen Kopf aufweist, so geht er hierin viel zu weit, das Siegel wenigstens ist, wie wir uns im Reichsarchiv zu München selbst überzeugt haben, gewiss echt und ganz dasselbe wie an der Urk. BRK. 1189. Dasz man übrigens, unbekümmert um das Bild, zufrieden war, wenn man nur eine antike Gemme hatte, zeigen uns die Siegeln an BRK. 858. 1027 (im Reichsarchiv zu München), an denen wir ganz deutlich Frauenköpfe wahrnehmen konnten.

[191] ist doch selbst bei der doppelten Ausfertigung ein und derselben Urk. (BRK. 275) an jeder derselben ein anderes Siegel angebracht, vgl. Dronke Cod. Fuld. 155 Note 322, falls sie beide echt sind?

[192] Wenigstens zeigen uns die Siegel an den Urkk. BRK. 722. 725. 727

haben eine Ringumfaszung, in der die Umschrift enthalten ist.[193] Dasz übrigens Gemme und Umfaszung ein Ganzes bildeten, das wirklich als Ring (anulus) getragen wurde, davon können wir uns an dem glücklich geretteten Siegelring König Hlothars II im Reliquienschatz des Aachener Doms noch überzeugen.[194] Diese Ringumschriften, durchweg in römischer Capitalschrift geschrieben, lauten:

Bei Karl dem Groszen: (†) XPE PROTEGE CAROLVM REGEM (REGE) FRANCOR. als Kaiser: † XPE PROTEGE CAROLVM IMPERATOREM.[195]

Unter Hludwig dem Frommen: (†) XPE PROTEGE HLVDOVVICVM IMPERATOREM. (IMPERATORE). (IMP).[196]

Bei Kaiser Hlothar I: † XPE ADIVVA HLOTHARIVM AVG.

Unter Kaiser Hludwig II: XPE PROTEGE HLVDOVVICVM IMP.

Bei König Hlothar II: † XPE ADIVVA HLOTHARIVM REG.[197]

Unter Hludwig dem Deutschen, als Gemmeninschrift: † HLVDOVVICVS REX. als Ringumschrift: (†) XPE PROTEGE HLVDOICVM REGEM.[198] und genau ebenso lautet auch die Ringumschrift in den Siegeln seines Sohnes Hludwigs III des Jüngern.

im Reichsarchiv zu München, abweichend von allen später gebrauchten Gemmen Hludwigs des Deutschen, den Kopf nach rechts gewendet, ebenso bereits Schild und Speer, auch nicht Ringumschrift, sondern Siegelinschrift, dasz wir leicht versucht sein dürften, sie überhaupt nicht für Gemmen, sondern für die ersten Waffensiegel zu erklären.

[193] Dasz Gemmensiegel mit Siegelinschrift statt Ringschrift versehen sind, kommt in echten Abdrücken nur selten vor, vgl. die vorangehende Note und BRK. 944, wol aber in unechten BRK. 451 (Mon. Boic. 11, Taf. 1, Nr. 2). 711.

[194] Pertz Arch. des Ges. 7, 836. Die müszige Conjectur Krols (vgl. Eckart Comm. 2, 890) über getrennten Ring- und Gemmenabdruck fällt dadurch in sich selbst zusammen.

[195] Nicht aber mit KAROLVS u. s. w. wie in den gefälschten Siegeln BRK. 171. 177 (Heumann Comm. 1, Taf. 4 Nr. 4). Acta SS. Apr. 2. Propyl.

[196] Unerhört dagegen wie an den falschen Urkk. BRK. 451 und Beyer Mittelrh. Urkkb. 1, 60 (Heumann l. c. Taf. 5 Nr. 5). — Die Umschrift . . . . HLVDOWICVM . . . . an BRK. 452 ist wol nur corrumpiert angegeben.

[197] Ganz falsch dagegen BRK. 711 mit „LOTHARIVS". — Auch Karl von Provence führte die Ringumschrift im Siegel: XPE PROTEGE CAROLVM REGEM, vgl. Heumann Comm. 1, 323.

[198] Unbedingt zu verwerfen ist deszhalb das Siegel bei Harenberg Hist

Bei Karlomann hingegen: CARLOMANNVS GRATIA DI REX und als Gemmeninschrift: CARLOMANN. REX. [199]
Unter Karl dem Dicken als Gemmeninschrift: KAROLVS IMP. AGS.
Bei Arnolf: (ARNO)LFVS GR(ATIA DI REX). [200]
Unter Hludwig dem Kinde: XPE PROTEGE HLVDOICVM REGEM. [201]
Bei den französischen Karolingern, die der Besiegelung mit antiken Gemmen fast bis zum Ende ihrer Herrschaft (König Lothar ausgenommen) treu geblieben sind, tritt in der Ringumschrift durchgehends zu den Namen noch ... GRATIA DI REX hinzu [202], Karl der Kahle aber als Kaiser bedient sich der Umschrift: † KAROLVS MISERICORDIA DI IMPERATOR AVG. [203] Dagegen läszt sich kaum mit einiger Sicherheit Bestimmtes über die Gemmensiegel der spätern italienischen Karolinger sagen, da die Abbildungen derselben uns nur in sehr unzuverläsziger Form vorliegen. [204]

Wesentlich verschieden nun von diesem Gemmensiegel, das auch im Verlaufe der Uebergangsperiode in Deutschland und Italien immer mehr verschwindet, ist das Waffensiegel, wie wir es den Attributen nach, die es zeigt, am liebsten benennen möchten, und von jetzt an statt des Gemmensiegels immer häufiger angewendet finden. Gleich so vielen andern diplomatischen Aenderungen treffen wir auch diese Neuerung zum ersten-

Gandersh. Taf. 16 Nr. 2 mit „LODEVICVS REX." — Dagegen sind die Umschriften mit .... LUDOVICUM .... in BRK. 789. 839 ganz gewiss nur unrichtig angegeben.

[199] BRK. 858. 867. 868 im Reichsarchiv zu München.
[200] BRK. 1027 ebendaselbst.
[201] BRK. 1199 im Haus-, Hof- und Staatsarchiv zu Wien.
[202] BRK. 1534. 1847. 1954. 2026. Nouveau traité 4, 120. Mabillon Suppl. 47 u. s. w.
[203] BRK. 1920.
[204] Vgl. die Abdrücke bei Muratori Ant. It., auf die wir hauptsächlich angewiesen sind, zu BRK. 1293. 1295. 1301. 1304. 1309. 1532. 1333. 1336. 1372. 1373. 1380. 1428. 1441. 1461. 1497 u. s. w. Auch scheint für die Aufbewahrung der Urkk. in Italien schlechter gesorgt worden zu sein, als in Deutschland, denn von den angeführten anderthalbhundert karolingischen Originalurkk., die Muratori Ant. It. abdruckt, fehlt, nach seiner Angabe, der Hälfte derselben das Siegel.

mal in einer Urkunde Hludwigs des Deutschen.[205] Es ist nicht mehr antiken Ursprunges, sondern jedenfalls gleichzeitiges Product und ein schönes Zeugniss damaligen Kunstsinnes. In der Gestalt durchweg kreisförmig, in der Grösze durchschnittlich etwas über vier Centimeter, läszt es sich auch in Bild wie Inschrift leicht vom Gemmensiegel unterscheiden. Ein Streben nach Erweiterung und reicherer Ausstattung, aber zugleich eine zunehmende Verschlechterung in Zeichnung und Ausführung ist unverkennbar. Das Bildniss, auch hier fast durchweg en profil gehalten[206] und nach rechts gewendet[207], zeigt meist ein bartloses Haupt mit einem Stirnband geziert, das rückwärts zusammengebunden in zwei oder mehreren fliegenden Bändern endet[208], selten aber mit Lorbeerkranz.[209] Erst unter Zuentebulch finden wir Spuren einer Krone, die dann deutlicher unter Hludwig dem Kinde und Chuonrad wie bei den italienischen Karolingern hervortritt.[210] Zur linken Hand des Bildnisses gewahren wir durchgehends Schild und Speer, was seit Hludwig dem Kinde noch dahin erweitert wird, dasz, wo nun auch Arm und Hände sichtbarer werden, die linke Hand statt des ovalen einen runden Schild und die rechte einen Speer mit einem Fähnchen hält[211]; bei den italienischen Karolingern tritt dafür das Scepter ein.[212] Dieses Waffensiegel scheint nun nicht mehr als Ring, sondern an

[205] BRK. 842 im Reichsarchiv zu München, vgl. übrigens auch oben Note 192.

[206] Eine Ausnahme bildet BRK. 2051.

[207] Auch hier dürfte das Doppelsiegel Hugos und Lothars von Italien (Muratori Ant. 3, 93) und Rudolfs II von Burgund BRK. 1497 (Muratori 2, 41) sehr vereinzelt dastehen.

[208] BRK. 944. 946 (Falke Taf. 1 Nr. 4). 949 (Böhmer Cod. Moeno-Fr. 1, 3). 1012. 1016 (Falke l. c.). 1023. 1129 (Mon. Boic. 11, Taf. 2 Nr. 10). 1147 (Meichelbeck 1, 147) u. s. w.

[209] BRK. 1026. 1039. 1059 (Falke Taf. 4 Nr. 4). 1078. 1080 (Mon. Boic. 11, Taf. 1 Nr. 8). 1102 (Günther Bod. Rh.-M. 1, Taf. 1 Nr. 1). 1117 (Meichelbeck 1, 145). 1176 (Falke Taf. 5 Nr. 1).

[210] BRK. 1153 (Günther Cod. Rh.-M. 1, Taf. 1 Nr. 2). 1155. 1156. 1208 (Meichelbeck 1, 152). 1215. 1244. 1259 (Mon. Boic. 11, Taf. 2 Nr. 11). 1373 (Muratori 1, 411). 1428 (Muratori 2, 469). 1497 (Muratori 2, 41). 2051 u. s. w.

[211] BRK. 1208. 1215. 1244. 1253. 1259 u. s. w.

[212] BRK. 1373. 1428. 2051 u. s. w.

einer Kette getragen worden zu sein. [213] Auch hat es in der Regel keine Einfaszung [214] wie das Gemmensiegel. — Die Legende, die daher fast immer als Siegelinschrift und gleichfalls nur in römischer Capitalschrift geschrieben ist, lautet und zwar bei den deutschen Karolingern ganz einfach:

bei Hludwig dem Deutschen: HLVDOVVICVS REX.

unter Karl dem Dicken als Kaiser: KAROLVS IMPERATOR (IMPERAT. AVG.).

bei Arnolf: ARNOLFVS REX oder ARNOLFVS PIVS REX [215] oder als Kaiser: ARNOLFVS IMPER. AVG.

unter Zuentebulch: ZVENTEBOLDVS REX.

unter Hludwig dem Kinde: HLVDOVVICVS REX.

bei Chuonrad I: CHVONRADVS REX.

In Italien treffen wir, mit Ausnahme von Berengar I, der sich derselben einfachen Siegelinschrift bedient, in der Regel bereits die Epitheta PIISSIMVS, PIVS [216] zu dem Zusatz ... GRATIA DI ... beigefügt; in dem Siegel König Lothars von Frankreich aber ... REX FRANCO. Siegel mit Doppelbildnissen wie mit Anführung beider Regentennamen in der Inschrift kommen nur bei den gemeinschaftlich ausgestellten Urkunden der Könige Hugo und Lothar, wie Berengar II und Adelbert von Italien vor. [217] Sonst wie auch in frühern Zeiten sind selbst gemeinschaftlich von Vater und Sohn ausgestellte und unterfertigte Urkunden nur mit dem Siegel des Vaters bekräftigt [218] und überhaupt niemals an ein und demselben Documente zwei oder mehrere Siegel aufgedrückt oder angehängt worden [219],

---

[213] wie man noch ganz deutlich die Ringe derselben an dem Abdruck des Siegels an der Urk. Hludwigs des Kindes von 910 Jul. 20, bei Lacomblet Niederrh. Urkkb. 1, Taf. 2 sehen kann.

[214] BRK. 961 (Muratori 2, 47) ist falsch, 1253 wol fehlerhaft gezeichnet, aber in Italien und Frankreich kommt sie noch öfter vor, BRK. 1301. 1304. 1332. 1336. 1372 (Muratori 5, 755. 2, 97. 1, 983. 1017. 789. 851), auch BRK. 1428. 1497. 2051 u. s. w.

[215] BRK. 1104. 1116. 1117. Mon. Boic. 11, 435 (Taf. 2 Nr. 9).

[216] BRK. 1373. 1428. Muratori 3, 93.

[217] vgl. Muratori 3, 93 und BRK. 1441 (Muratori 5, 403).

[218] BRK. 385 u. s. w. vgl. oben Note 163.

[219] An BRK. 110 im Facs. bei Mabillon gelten wol nicht beide Siegelabbildungen für dieselbe Urk., sonst würde Mabillon darüber gewiss einiges

selbst wenn nachträglich durch Unterzeichnung eines spätern Regenten dasselbe gleichsam neue Rechtskraft erlangen sollte.

Dasz übrigens die Siegel allein nicht für die Echtheit eines Documentes maszgebend sind, wiewol eine nicht unbedeutende Anzahl falscher Urkunden allerdings auch mit falschen Siegeln versehen ist [220], können wir am besten daraus entnehmen, dasz uns nicht wenige gefälschte Documente mit echten [221], öfter freilich unrichtigen [222] Siegeln erhalten sind,

bemerkt haben, wo er von den betreffenden Siegeln in De re dipl. 138 § 8 spricht. BRK. 303 soll nach Mabillon Suppl. 47 nebst einer Goldbulle auch ein aufgedrücktes Wachssiegel gehabt haben, doch die ganze Urk. an und für sich ist nicht unverdächtig. Deszgleichen zeigt dar Privileg BRK. 1014 (Mon. Boic. 30ª 384) Spuren eines aufgedrückten und angehängten Siegels, die Urk. ist aber unzweifelhaft falsch. Das Diplom BRK. 1098 hat sogar nach Erhard Cod. Westf. 1, 39 zwei aufgedrückte Siegel gehabt, die aber beide jetzt fehlen. Damit ist aber einer vorsichtigen Kritik jede Grundlage zur Fällung eines sichern Urtheils genommen und hier nicht einmal ein Ausnahmfall zu gestatten, da uns der Charakter der Siegel völlig unbekannt ist. Vgl. auch oben Note 157. Die Angaben aus Gregorius Catin. Regist. Farf. (vgl. unten Note 224) über doppelte Goldbullen an ein und demselben Documente scheint auf Miszverständniss zu beruhen. Auch ist es die Karolingerepoche hindurch nur selten geschehen, dasz das fürstliche Siegel auf Privaturkk. gedruckt worden ist, wie z. B. in einer Urkunde von 828 (Acta Pal. 6, 252) oder BRK. 1230, die 910 ausgefertigt wurde *coram rege Ludouuico qui et conscribi et sigillo suo insigniri iussit.* Das Siegel an dem Documente Abt Walfreds von Reichenau 844 (Wirtemb. Urkkb. 1, 124) scheint allerdings ein königliches gewesen zu sein, allein erst Arnolfs, mithin immer sehr zweifelhaft. Die Bemerkung Dümgé Reg. Bad. 70 ist hier, wie auch sonst so oft, völlig überflüssig. Dagegen scheinen die Privat-Urkunden mit der Besiegelung Karls des Groszen und Hludwigs des des Frommen bei Dronke Cod. Fuld. 105 und 156 aus verdächtiger Ueberlieferung wenigstens in ihrer jetzigen Gestalt von zweifelhafter Echtheit zu sein.

[220] BRK. 21. 123. 171. 177. 451. 493 (Heumann Comm. 1, Taf. 5 Nr. 8)· 711. 778. 844 (vgl. Dronke Cod. Fuld. 273 Note). 961 (Muratori 2, 47). 1084. zu Beyer Mittelrh. Urkk. 1, 52. 60. Harenberg Hist. Gandersh. 139 u. s. w.

[221] BRK. 880b. 1140 (Arch. für öst. Geschtq. 14, 20). 1141. 1193. Falke Trad. Corb. 284.

[222] So hat BRK. 3 ein Siegel Karls des Gr. (vgl. oben Note 185), 340 ein Siegel Hludwigs des Fr. (wenigstens nach Falke Bemerkung l. c. 720), 361 ein Siegel Hludwigs III des Jüngern (Mon. Boic. 30ª 381 Note), 760 ein Siegel Hludwigs des Kindes (Or. im Reichsarch. zu München), ferner die Urkk. Mon-

während anderseits wieder unzweifelhaft echte Privilegien mit falschen oder doch unrichtigen Siegeln vorkommen. [223]

War auch Wachs die gewöhnliche und zumeist gebrauchte Siegelmasse, so steht doch durch das Zeugniss der Geschichtschreiber [224], wie durch ausdrückliche Erwähnung in den Urkunden selbst [225] und vor allem durch noch heute uns erhaltene Exemplare [226] unzweifelhaft fest, dasz in

[223] Boic. 30ᴬ 380 ein Siegel Karls des Dicken, in Wirtemb. Urkk. 1, 76 ein Siegel Hludwigs des Kindes, bei Dümgé Reg. Bad. 78 ein Siegel Hludwigs des Fr. u. s. w.

[223] BRK. 184 mit der Umschrift... REGEM FR... 440. 569. 735. 811. 917 (Muratori 1, 559). 1195 (Arch. für öst. Geschtq. 14, 20). Dümgé Reg. Bad. 73 (wenn seine Siegelangabe richtig ist?). Vgl. auch Sinnacher Nachrichten von Säben 1, 511. — Dasz auch Abschriften von Urkk. besiegelt worden und deszhalb allein noch keineswegs zu verwerfen sind, zeigt BRK. 800, wovon eine Copie aus dem zwölften Jahrh. im Haus-, Hof- und Staatsarch. zu Wien Spuren von Besiegelung trägt und wol deszhalb von Pertz Arch. des Ges. 5, 323 (und nach seinem Vorgange auch von Hirsch Baiern in der zweiten Hälfte des X. Jahrh. 45 Note 1) als „wahrscheinlich unächt" bezeichnet wurde, während sie doch mit dem wolerhaltenen Original, das aber Pertz nicht gekannt haben wird, wie wir uns überzeugten, ganz wortgetreu übereinstimmt. Ein neuer Beleg dafür, dasz man nicht behutsam genug bei Verurtheilung von Documenten zu Werke gehen darf.

[224] So heiszt es ausdrücklich in Petri diac. Chron. Cas. 4, cap. 109: *et haec dicens* (Petrus diac.) *praecepta supradictorum imperatorum* (Caroli, Lodoyci, Pipini, Carlomanni, Lodoyci, Ugonis, Lotharii, Berengarii, Alberti, trium Ottonum, quinque Henricorum ac Conradi) *cera, plumbo, aureisque sigillis signata.... demonstravit* (Mon. Germ. SS. 7, 823). Bei Gregorius Catinensis Regist. Farfense werden unter den vom eingedrungenen Abt Hildebrand dem Kloster entwendeten Schätzen auch namhaft gemacht: *sigilla duo de auro, quae miserunt Carolus et Pipinus filius eius in imo praecepto. Alia sigilla duo de auro, quae Guido et Lambertus imperatores miserunt in alio praecepto quod fecerunt* (Hist. Farf. Mon. Germ. SS. 11, 536 Note * *). Agobardus in opist. ad Hludovicum Pium de insolentia judaeorum bemerkt: *dum ostendunt praecepto ex vestro nomine aureis sigillis signata* (Bouquet SS. 6, 363), vgl. damit die Verordnungen Hludwigs des Fr. BRK. 490 und Bouquet SS. 6, 651.

[225] Vgl. oben die Noten 153—158. In einer Urkunde Kaiser Ottos III. von 999 (BRI. 844) für das Kloster Farfa heiszt es: *Hugo abbas .... secum deferens nostrorum praedecessorum, videlicet imperatorum Caroli, Hludovici avique nostri Ottonis praecepta aureis sigillis bullata.*

[226] Die älteste erhaltene Goldbulle soll sich an der Urk. Kaiser Hlud-

der Karolingerperiode, seit Karl dem Groszen, an die Urkunden sowol Gold- als Bleibullen angehängt worden sind, nur kommen dieselben allerdings stets ausnahmweise vor. Wie übrigens Krone, Schild und Speer hier viel früher als an den Wachssiegeln erscheinen, so muss überhaupt die ganze Form und das Gepräge, wie Um- und Inschrift der Bullen, wie aus den Abbildungen hinreichend ersichtlich ist, für wesentlich verschieden und abweichend von jenen unserer aufgedrückten Siegel gelten. Und da sie zugleich auf beiden Seiten gestempelt erscheinen, so dürfte ihnen wol im allgemeinen der Charakter der Münze mehr zu- denn abgesprochen werden.

Einen wichtigen Bestandtheil endlich gleichfalls der Schluszformel in Urkunden, und zwar noch während der eigentlichen Karolingerepoche, bildet die Androhung von Uebeln, besonders von Geldstrafen gegen alle, die sich wagen sollten, gegen irgendwelche der verliehenen oder bestätigten Rechte und Privilegien sich aufzulehnen oder irgend wie zu versündigen. Ihm müszen wir darum, wenn auch nur in Kürze, gleich hier einige Beachtung schenken, und das umsomehr, weil uns damit zur Kritik der Urkunden ganz willkommene und sichere Anhaltspunkte gewährt werden. In Privatdocumenten ist die Feststellung von Geldstrafen schon sehr frühzeitig, noch aus der Merovingerzeit her im Gebrauch, die

wigs des Fr. (BRK. 303) vorfinden (abgebildet bei Mabillon Suppl. 48 Nr. 1, auch Eckart Comm. 2, 329, Heumann Comm. 1, Taf. 5 Nr. 9), doch ist die ganze Urk. nichts weniger als von dem Verdachte der Fälschung frei zu sprechen. Dann folgt die Bulle an dem Privileg König Karls des Kahlen (BRK. 1701, abgeb. bei Mabillon l. c. Nr. 2. Heumann l. c. Taf. 7, Sigill. Caroli Calvi Nr. 1). Mit Goldbullen sollen ferner noch die Urkk. Kaiser Karls des Kahlen BRK. 1797. 1809, dann der italienischen Könige Hugos und Lothars BRK. 1403 und 1412 versehen gewesen sein. Dagegen ist die Goldbulle an Kaiser Hludwigs des Fr. Urk. BRK. 443, abgeb. bei Heumann Comm. 1, Taf. 6 Nr. 10, (fehlerhaft bei Lindenbrog SS. 126), wie das Document selbst ein rohes Falsificat späterer Zeit. — Bleibullen sind häufiger besonders an Urkk. Kaiser Hludwigs II, dann Karls des Kahlen, Karls des Dicken und Widos von Italien anzutreffen. Abbildungen derselben hat uns Mabillon, Eckart, Heumann l. c. geliefert und zwar von Karl dem Kahlen Heumann Comm. 1, Taf. 7 Nr. 2. 3, von Karl dem Dicken Heumann l. c. Taf. 4 Nr. 10 (irrthümlich Karl dem Gr. zugeschrieben), Eckart Comm. 2, 697 Nr. 3, von Wido Muratori zu BRK. 1270. 1278. Dagegen müssen wir die Bleibullen Karls des Gr. bei Heumann l. c.

Autorität der königlichen Erläsze aber war durch die allgemeinen Gesetze hinreichend geschützt und bedurfte daher keiner speciellen Verwarnung allfälligen Verletzern gegenüber. Es ist deszhalb ganz bezeichnend, dasz gerade in Italien zuerst diese Androhung von Geldstrafen in den karolingischen Documenten Eingang findet und zwar zu einer Zeit, wo die fürstliche Gewalt wesentlich erschüttert und beeinträchtigt erscheint, das ist seit dem Regierungsantritt Kaiser Hludwigs II. [227] Was vordem in was immer für karolingischen Urkunden mit derartigen Formeln versehen ist, musz mindestens als höchst verdächtig, meist aber geradezu für gefälscht erklärt werden. [228] Von da ab bleibt es Regel, dass in beinahe sämmtlichen italienischen oder Italien betreffenden fürstlichen Documenten, aber zunächst auch nur in diesen, das Strafausmasz gegen die Verletzer urkundlich ertheilter Rechte u. s. w. ausdrücklich hervorgehoben und sammt der Vertheilung der fälligen Summe, die zur Hälfte meist dem Fiscus zukommt, in Zahlen namhaft gemacht wird. [229] Eigenthümlich und interes-

[Taf. 4 Nr. 9, wie Karls des Dicken bei Dümgé Reg. Bad. 76 für gefälscht erklären.

[227] BRK. 628. 634. 636. 638. 640. 645. 647. 648. 652. 656. 657. 658. 665. 666. 668. 671. 672. 673. 676. 678. 679. 680. 684 u s. w.

[228] So BRK. 70. 85. 98. 105. 107. 115. 149. 155. 166. 172. 177. 178. 189. 237. 261. 303. 313. 319. 359. 469. 493. 503. 536. 542. 554. 555. 591. 596. Mon. Boic. 31ᵃ 11. Dronke Cod. Fuld. 51. Wirtemb. Urkkb. 1, 87. Eccard Corp. 2, 434. Heumann Comm. 1, 499. Bouquet SS. 8, 372. 374. Ughelli 1, 50. 5, 264. 705. Mon. Patr. Chart. 1, 53 u. s. w.

[229] Besonders für Münzgeschichte eine unschätzbare und noch lange nicht hinreichend benutzte Quelle. Auffallend ist es, dass trotz der Einführung der Silberwährung durch die Karolinger, schon seit Pippin (vgl. Müller Deutsche Münzgescht. 1, 248. 299) statt der unter den Merovingern geltenden Goldwährung, beinahe sämmtliche Angaben des Strafausmaszes dennoch in Goldwährung gemacht sind. Ausnahme bildet nur der Ansatz von dreiszig Pfund Silbers als Busse für Verletzung der Immunität (BRK. 634. 636. 638. 648. 656. 657. 672. 673. 676. 684. 878. 1107. 1268. 1279. 1793 u. s. w.) Sonst wird beinahe durchweg die Strafe in Pfund Goldes ausgemessen und zwar nach ganz verschiedenem Ansatze von drei Pfund (BRK. 906) bis zur enormen Summe von zweitausend Pfund Goldes (BRK. 666). Am gewöhnlichsten sind hundert Pfund festgesetzt (BRK. 645. 648. 679. 860. 863. 917. 924. 937. 938. 939. 959. 961. 1021. 1269. 1287. 1325. 1326. 1329. 1331. 1333. 1335. 1347. 1353. 1364. 1372. 1376. 1388. 1394. 1397. 1457. 1458. 1459.

sant bleibt es auch wegen des in den entsprechenden Kanzleien genau beobachteten Verfahrens, dasz übrigens nicht blosz die Documente der gleichsam eingebornen italienischen Karolinger, sondern auch jener westfränkischen, deutschen und burgundischen Herrscher, wie Karls des Kahlen, Karlomanns, Karls des Dicken, Arnolfs, Ludwigs des Blinden und Rudolfs II [230], sofern sie dieselben als Fürsten Italiens ausstellen und ausfertigen, genau mit derselben in Italien herkömmlichen Formel versehen erscheinen, wenngleich in den heimatlichen Urkunden dieser Regenten noch lange nicht die gleiche Sitte Eingang gefunden hat. Denn in Frankreich wie Burgund treffen wir sie erst bei den letzten Karoligern, [231]

1464. 1465. 1469. u. s. w.), dem zunächst dreiszig Pfund (BRK. 665. 910. 928. 933. 964. 966. 1283. 1285. 1286. 1288. 1293. 1302. 1309. 1336. 1344. 1456 u. s. w.) oder sechzig (BRK. 926. 936. 1320. 1330. 1356 u. s. w.), dann zwanzig (BRK. 965. 1278. 1292. 1295. 1299. 1305. 1318. 1381 u. s. w.), Ansätze von zehn, zwölf, vierzig, fünfzig, hundertfünfzig, hundertsechzig, zweihundert, dreihundert, vierhundert, fünfhundert, sechshundert und tausend Pfund Goldes kommen seltener vor (BRK. 628. 1334. 1463; — 680. 859. 1112. 1791; — 658; — 1391. 1398. 1401. 1415; — 1373; — 1298; — 1022. 1357. 1361. 1399; — 909. 958. 1270; — 1284; — 1434; — 1307; — 1340. 1400. 1496 u. s. w.). Neben der Bestimmung des Ausmaszes in Pfund Goldes finden wir auch die Angabe von Goldmancusi und zwar tausend (BRK. 647. 913. 925. 962. 1370), zweitausend (BRK. 640. 652. 971. 1298. 1346. 1460), zehntausend (BRK. 678), ja dreiszigtausend (BRK. 967), aber auffallender Weise fast gar nicht Goldsoldi als solche erwähnt (BRK. 1017. 1360. Bouquet SS. 9, 642), was sonst in Goldsoldis rechnet, dürfte kaum stichhaltig sein, wie BRK. 1586. 1702. 1838. 1921. 1963. 1988 u. s. w.

[230] So BRK. 1791. 1793; — 859. 860. 863. 864. 878; — 906. 910. 913. 917. 924. 925. 926. 928. 933. 937. 938. 939. 941. 956. 958. 959. 962. 964. 965. 966. 967. 971. 1021. 1022; — 1107. 1112; — 1455. 1456. 1457. 1458. 1459. 1460. 1464. 1465. 1469; — 1490. 1491. 1492. 1493. 1495. 1496. 1497 u. s. w. Interessant und sehr bezeichnend, dasz z. B. die Bestätigungurk. für die italienischen Besitzungen des Klosters S. Martin zu Tours (BRK. 1017) gleichfalls mit einem ausdrücklichen Strafansatz geschützt ist.

[231] So in Frankreich BRK. 2036. 2037. 2038. 2039. 2040. 2042. 2052. Bouquet SS. 9, 622. 626. 642 u. s. w. Was vorher mit gleichen Formeln versehen ist, musz als höchst verdächtig bezeichnet werden wie BRK. 1548. 1586. 1702. 1704. 1740. 1747. 1766. 1838. 1921. 1963. 1988. Bouquet SS. 9, 509. 571 u. s. w. — Ganz ebenso in Burgund seit Rudolf III BRK. 1516. 1517. 1529.

den Königen Lothar und Rudolf III, an und die deutschen haben sie in ihren Urkunden gar nicht eingebürgt.[232]

Was schlieszlich die Zeugenunterschriften in den fürstlichen Privilegien betrifft, denn in Privaturkunden waren sie gesetzlich gefordert, so sind sie dieser ganzen Epoche ebenso fremd wie in den Zeiten der Merovinger, und die damit versehenen Documente müssen in der Regel für unterschoben oder für interpoliert angesehen werden.[233] Erst gegen Ende der Karolingerherrschaft kommen, abgesehen von Capitularien und Placita, in Frankreich und Burgund hie und da einzelne Fälle von Zeugenbestätigungen vor.[234] Eine eigene Erscheinung besonders in den westfränkischen Karolingerurkunden bilden die meist in tironischer Notenschrift aufgeführten Bitt- und Gesuchsteller (ambasciatores)[235], die man gleichsam als Vorläufer der spätern Zeugen ansehen dürfte.

Die Besonderheiten der sogenannten Uebergangepoche betreffs der Schluszformeln wie der Besiegelung haben wir, da eine Trennung hier nur schwer und nicht ohne Störung durchführbar gewesen wäre, bereits im Allgemeinen hervorgehoben. Nicht gleichmäszig und nicht gleichzeitig findet eine Scheidung der hier behandelten Gegenstände von der eigentlichen Karolingerperiode statt, doch tritt dessenungeachtet der Character gröszerer Unstetigkeit und Willkür auch hier wieder wie bei der Invocation und Titulatur unverkennbar hervor. Die Ankündigung der fürst-

---

Bouquet SS. 11, 544. 549 u. s. w., was dagegen vordem in burgundischen Urkk. mit Strafansätzen erscheint, wie BRK. 1449. Bouquet SS. 9, 672. 684 u. s. w., kann kaum für echt gelten.

[232] Deszhalb müszen die Urkk. BRK. 764. 778. 838. 929. 932. 1002. 1003. 1007. 1108. 1138. 1173. 1193. Dümgé Reg. Bad. 75. 79. Böhmer Acta Conradi 8 u. s. w. für interpoliert oder geradezu gefälscht erklärt werden.

[233] So BRK. 2. 3. 19. 202. 560. 916. 956. 1825. 1962. 1985. Schöpflin Als. dipl. 1, 107. Remling Speir. Urkkb. 1, 9. Dronke Cod. Fuld. 296. 299. Urkk. des Landes ob der Enns 2, 12. Gallia christ. 2, 178. Doublet Hist. de S. Denis 725. 727, Ughelli It. sac. 1, 50. Bouquet SS. 8, 367. Mon. Patr. Chart. 1, 53. Eccard Corp. 2, 434. Ennen Kölner Geschtq. 1, 447 (wol später zugefügt) u. s. w.

[234] So BRK. 1502. 1515. Mon. Patr. 2, 60. — BRK. 1715. 1716. 1790. 2047. 2060 u. s. w.

[235] Vgl. oben S. 55 Note 51 und BRK. 110. 201. 324. 334. 341. 384. 392. 478. 494. 495. 1649. 1667. 1711. 1767. 1779. 1802. 1805. 1813. 1817. 1820. 1823. 1849. 1853. 1860. 1869. 1877. 1878. 1901. 1904 u. s. w.

lichen Unterfertigung ohne Unterschied auf den Inhalt des Documentes gilt als Regel bereits unter den Söhnen Hludwigs des Deutschen. Der Gebrauch des Wortes *sigilli* gleichzeitig mit *anuli* ist seit Arnolf allgemein. Die festbestimmte Art und Weise des fürstlichen *Signum* hört schon mit Karlomann, dem Sohne Hludwigs des Deutschen auf, und die Anwendung des Waffen- statt des Gemmensiegels gewinnt seit Karl dem Dicken fast ausschlieszliche Rechte. Nur die französischen Karolinger halten sich auch hier treuer an die althergebrachten Formen und behaupten sich somit immerhin als die echtern Karolinger den deutschen wie italienischen Herrschern gegenüber.

5. Über die Datierung der Urkunden.

Wie im römischen Reiche zur Giltigkeit einer jeden Urkunde erforderlich war, dasz sie genau datiert sei,[236] so blieb die gleiche Bestimmung auch in jenen Ländern aufrecht erhalten, die auf den Trümmern des Römerreichs allmählig der Herrschaft der M e r o v i n g e r unterworfen wurden.[237] Wir treffen daher am Schlusze eines jeden echten Merovingerdiploms eine selbständige Datierungzeile, die Tag, Monat, Regierungjahr des Königs, ferner Ausstellungort und zuletzt eine ganz kurze Anrufung des göttlichen Namens gleichsam zum Schutz und Beistand enthält. Diese Datierungformel lautet ganz einfach: *Datum dies* .... (oder *sub die* .... oder *mense* .... oder *quod ficit mensis* ....), *anno* ....

---

[236] In dem Edicte Kaiser Constantins I. von 322 Juli 26 heiszt es: *Si qua posthac edicta sive constitutiones sine d i e et consule fuerint deprehensa, auctoritate careant.* Cod. Theod. Lib. I. De const. princ. 1, 1. Vgl. auch L. 4 Cod. De diversis rescriptis 1, 23. — Ferner: *Unde sancimus eos, quicumque gestis ministrant, sive in iudiciis sive ubicunque conficiuntur acta et tabelliones, qui omnino qualibet forma documenta conscribunt . . . hoc modo incipere in documentis: I m p e r i i i l l i u s s a c r a t i s s i m i a u g u s t i i m p e r a t o r i s a n n o t o t o: et post illa inferre consulis apellationem qui in illo anno est: et tertio loco i n d i c t i o n e m, m e n s e m et d i e m; sic enim per omnia tempus servabitur* u. s. w. Nov. 47. c. 1.

[237] So heiszt es in den Leg. Alamann. Hlotharii (Lib. 1) Tit. 43. Mon. Germ. Legg. 3, 60: *Scriptura non valeat, nisi in qua annus et dies evidenter ostenditur.* Deszgleichen in den Leg. Baiuw. Tit. 15 cap. 13 (Walter Corp. iuris germ. 1, 285).

Datirung der Merovinger-Urkunden.

regni nostri, in dei nomine .... (folgt der Ausstellungort) *feliciter*.[238] — Die Angabe des Tagesdatums erfolgte abwechselnd theils nach römischem Kalender,[239] theils in fortlaufender Zählung der jeweiligen Monatstage,[240] wie wir sie zuerst unter Papst Gregor dem Groszen antreffen.[241] Die Jahresbezeichnung geschah ausnahmlos nach der Regierungzeit des ausstellenden Herrschers und jede weitere Bestimmung, wie z. B. durch Indiction[242] oder durch Anwendung der Dionysischen[243] Aera oder gar durch Epactenrechnung[244] weist unzweifelhaft auf spätere Fälschung oder Interpolation. Tages- wie Jahreszahlen sind abwechselnd mit Worten oder römischen Ziffern ausgedrückt. — Der Ausstellort wurde in der Regel[245] ohne jeden weitern Zusatz genannt, wie auch nie-

---

[238] Breq. Pard. 279. 322. 388. 394. 410. 418. 424. 425. 429. 431. 433. 434. 436. 440. 456. 473. 477. 478. 495. 496. 497. 498. 504. Bordier Rec. 49. Dasz sie in Breq. Pard. 243. 245. 246. 270. 294. 327. 329. 330. 331. 332. 334. 359. 397. Bordier Rec. 52 u. s. w. fehlt oder wenigstens nicht vollständig erscheint, ist nur auf Rechnung der jetztigen beschädigten Form der betreffenden Urkunden zu setzen. Dagegen ist sie häufig mehr oder weniger verstümmelt oder geradezu fortgelaszen in gefälschten Documenten wie in Breq. Pard. 78. 87. 88. 89. 91. 143. 163. 164. 169. 173. 191. 233. 234. 250. 254. 259. 263. 264. 274. 287. 288. 289. 291. 341. 349. 353. 354. 357. 368. 373. 377. 395. 402. 403. 417. 444. 462. 482. 489. 534. 548. 571. Add. 1. 20. Bordier Rec. 45. 47.

[239] Breq. Pard. 205. 229. 246. 268. 270. 322. 394. 410. 429. 431. 434. 495. 504. 505. Bordier Rec. 49 u. s. w.

[240] Breq. Pard. 279. 337. 418. 424. 425. 426. 433. 436. 440. 441. 456. 466. 473. 477. 478. 496. 497. 498. 499. 518. 535 u. s. w.

[241] Vgl. Jaffé Reg. Pont. Nr. 1004. 1005. 1006. 1008. 1009.

[242] Breq. Pard. 58. 64. 65. 78. 167. 190. 252. 259. 265. 266. 280. 290. 351. 354. 378. 380. 462. 465. 531.

[243] Breq. Pard. 91. 143. 190. 232. 233. 234. 250. 259. 261. 266. 290. 321. 351. 354. 378. 380. 462. 465. 531.

[244] Breq. Pard. 259.

[245] Selten dasz *vetus palatium*, *villa nostra*, *palatio* (*nostro*) in echten Privilegien beigefügt erscheint, wie Breq. Pard. 243. 433. 499. 535. Bordier Rec. 49; wol aber häufig nach dem Muster späterer Urkunden in gefälschten Diplomen wie Breq. Pard. 58. 136. 190. 240. 343. 366. 370. 371. 381. 403. 570. Bordier Rec. 54 u. s. w.

mals durch das, erst in der Karolingerzeit eingefügte Actum [246] vom Datum der Zeitangaben getrennt. Endlich ist noch bemerkenswerth, dasz in keiner einzigen echten Merovingerurkunde das Schluszgebet mit Amen endet,[247] welcher Zusatz gleichfalls auf spätern Ursprung hindeutet.

Im Wesentlichen wird dieselbe Formel der Datierung auch bei dem Uebergang der Herrschaft an die Karolinger beibehalten. Auch hier bildet sie in der Regel den Schlusz der Urkunde [248] und zwar in einer selbständigen Zeile.[249] Sie bekundet Zeit und Ort der Ausfertigung wie der Vollziehung der fürstlichen Bestätigung, mit der sie meistens gleichzeitig [250] und stets unmittelbar von der Kanzlei aus, nach den Anord-

[246] wol aber in gefälschten oder corrumpierten Documenten, wie Breq. Pard. 58. 64. 65. 91. 111. 136. 143. 144. 167. 190. 232. 242. 252. 260. 261. 262. 264. 265. 272. 276. 277. 280. 283. 286. 292. 343. 351. 366. 367. 378. 380. 403. 417. Bordier Rec. 54.

[247] Dagegen finden wir es in den unechten und zweifelhaften Urkunden wie Breq. Pard. 111. 117. 135. 137. 167. 240. 247. 255. 262. 265. 272. 268. 269. 271. 272. 276. 277. 280. 281. 282. 283. 284. 286. 306. 349. 362. 378. 379. 402. 405. 527. 542. 570. Bordier Rec. 54.

[248] Dasz unzweifelhaft echte Originale heute ohne Datierungzeile erscheinen, wie z. B. die Urkunden bei Mohr Cod. Rät. 1, 20. Dronke Cod. Fuld. 158. 282. Erhard Cod. Westf 1, 14. 40. Muratori Ant. It. 5, 169. Bouquet SS. 6, 533. 541. 9, 465. 503. 533. 568. 626 u. s. w. ist gewisz nicht ursprünglich der Fall gewesen, sondern erst Folge ihrer nunmehrigen verstümmelten Gestalt. In Bouquet SS. sind unter den Karolinger-Documenten allein gegen 75 undatierte abgedruckt, abgesehen von den im Carpentier'schen Codex enthaltenen Urkunden Hludwigs des Frommen (Bouquet SS. 6, 633 ff.).

[249] Vgl. oben S. 55 Note 49. Ueber die Schrift, die oft auffallend von der übrigen Textschrift abweicht, vgl. oben S. 52 Note 32 und S. 53 Note 43. Eine Datierungzeile in einer Art von Uncialschrift geschrieben zeigt BRK. 1593.

[250] Vgl. oben S. 106 Nr. 150. Dasz hier *Data* und *Actum* durchweg als völlig zusammenfallend angenommen werden müszen, ergibt sich schon, abgesehen von der häufigen Uebereinstimmung mit den Berichten gleichzeitiger Annalisten, aus der Entwicklung dieser Karolingischen Urkundenformel selbst, die gleichsam nur als eine stylistische Erweiterung der einfachen Merovingischen zu betrachten ist. Wo eine Ausnahme von dieser Regel wirklich stattfindet, ist sie auch immer besonders hervorgehoben, wie z. B. BRK. 1240: *Datum... in monte Abirinesburg. Actum ad Triburiam* oder BRK. 1386: *jussum Papiae et actum Parmas.* BRK. 1474 mit: *Datum Viennae... Actum Viennae* ist wol

nungen des jeweiligen Vorstandes derselben zu geschehen pflegte. ²⁵¹ Aber gerade deszhalb erscheint sie mehr noch als die Titulatur den wech-

nur eine Unregelmäszigkeit der spätern burgundischen Kanzlei. Dagegen ist die Urkunde Karls des Groszen von 772 mit Datum *Oresti . . . Actum Theodonavilla* bei Beyer Mittelrh. Urkkb. 1, 28 falsch. Vgl. auch Ducange Gloss. ad verb. Data 3 (ed. Henschel 2, 744). Ein höchst auffallendes Beispiel späterer Datierung ist uns aber in einem unzweideutig echten Original des Münchener Reichsarchivs aufbewahrt BRK. 791 (Mon. Boic. 31ᵃ 94), wo der Text des Privilegs sammt Kanzleiunterfertigung zweifelsohne aus dem Jahre 844 stammt, während die Datierungzeile, die gleichfalls echt karolingischen Ursprungs ist, dem Jahre 859 zugehört. Wir können uns diese auffallende Sonderbarkeit nur dadurch erklären, dasz das anfangs undatiert gebliebene Concept erst im Jahr 859 der königlichen Kanzlei zur vollen Ausfertigung unterbreitet worden sei. Verwandte Ausnahmen von der allgemeingiltigen Regel werden wir übrigens auch in spätern Jahrhunderten antreffen. Dasz die Datierungziffer manchmal vergeszen wurde, zeigen uns jetzt noch in echten Originalen die leer gelaszenen Räume für die verschiedenen Tages-, Jahres- und Indictiondaten, wie z. B. BRK. 199. 231. 509. 842. 971. 1054. 1115. 1264. 1265. 1770. 1803. 1986. Bouquet SS. 8, 465. 9, 487. Mohr Cod. Rät. 1, 39 u. s. w. Damit ist zugleich der Beweis geliefert, dasz die eigentliche Datierung nicht nothwendig mit dem Schreiben des Urkundentextes und selbst der Datierungformel zusammenfiel und darum auch nicht vom nämlichen Schreiber zu geschehen hatte. Man kann oft heute noch ganz deutlich nach der Verschiedenheit der Tinte die eingetragenen Ziffern von der übrigen Textschrift der Urkunde unterscheiden.

²³¹ Hierin glauben wir den einzig richtigen Schlüszel zur Lösung aller Schwierigkeiten gefunden zu haben, die sich uns in nicht geringem Masze wie überhaupt bei der Chronologie alles Urkundenwesens, so auch hier bezüglich der Datierung der Karolinger-Documente entgegenstellen. Allen Versuchen der Diplomatik von der ältesten bis in die jüngste Zeit herab gebricht es, nach unserm Dafürhalten an einem zuverläszigen Halt und Maszstab bei Beurtheilung der verschiedenen Abweichungen von einer vermeintlich feststehenden Regel, weil man nie auf den letzten Grund, worin alle diplomatischen Formalien ihre natürliche Erklärung finden, nämlich auf die eigentlichen Ausfertiger der Urkunden, d. i. die Vorstände der Kanzleien zurückgegangen ist. Nirgend zeigt sich diesz deutlicher und auffallender als gerade in dem Datierungwesen der Urkunden. Freilich stehen uns nicht so ausdrückliche Zeugnisse, wie z. B. in den Bullen seit Hadrian I. um 782 (vgl. Jaffé Reg. Pont. Seite 203) dafür beweisend zur Seite, dasz die Erznotare oder später die Kanzler die Datierung selbst vorgenommen hätten. Denn die Unterfertigung des königlichen Kanzlers

selvollen Einflüszen unterworfen, die maszgebend für die Geschichte der Karolinger wie ihrer Kanzlei geworden sind und manche gewichtige That-

Ernust 904 Juni 14 mit *diemque et tempus designavi* (Cod. Laureah. 107) geschah, wenn auch in Gegenwart des Königs Hludwigs des Kindes, doch nur in einer Privaturkunde und ebensowenig kann die Kanzleiunterzeichnung in BRK. 1985: *Ego Anselmus . . . . scripsi et datavi* maszgebend sein, denn die Urkunde ist falsch. Doch wird hoffentlich dieser ganze Abschnitt gerade im Zusammenhange aller Verhältnisse genommen den offenkundigsten Beweis für die Richtigkeit unsrer Behauptung liefern. Denn man kann sagen, dasz beinahe jede Veränderung in der Kanzlei sichtbare Spuren in der Art und Weise der Datierung der Urkunden zurückgelaszen habe. Die Chronologie ist darin gewiss der empfindlichste Theil des ganzen Urkundenwesens. Deszhalb stoszen wir auch hier so leicht auf Schwierigkeiten, die alle übrigen Bedenken, die wir bei den andern Formalien kennen gelernt haben, weit übertreffen. Und das selbstverständlich. Führte doch die vermeintliche Ungereimtheit in den Ziffern zu spätern Verstümmelungen sogar in echten wie angeblichen Original-Documenten, wie z. B. die Urkunden Kaiser Hlothars I. bei Bouquet SS. 8, 370 (gehört zu 833 Oct. 7), 374. 375 (gehören zu 843 Oct. 21), 384 beweisen. Um wie viel willkürlicher wurde nicht erst mit Copialurkunden verfahren und zwar sowol von den ursprünglichen Abschreibern als von den spätern Herausgebern (vgl. oben Seite 20 Note 20). So sind in einer groszen Menge von Abdrücken die Daten nur in lückenhafter Gestalt überliefert worden und zwar sowol bei echten Documenten, wie BKR. 90. 103. 320. 322. 362. 366. 396. 846. 847. 924. 1077. 1179. 1327. 1381. 1391. 1410. 1660. 1960. 1986. 2071. Mon. Boic 31ᵃ 34. Cod. Lauresh. 105. Dronke Cod. Fuld. 46. Bouquet SS. 6, 648 u. s. w. als auch bei gefälschten Urkunden, wie BRK. 253. 261. 580. 603. 1084. 1408. Ughelli It. sacr. 1, 1112 u. s. w. Eine nicht minder grosze Anzahl von Documenten hat auf diese Weise entschieden falsche Zusätze, meist von Incarnationjahren, erhalten wie z. B. BRK. 332 (in Cop. Eberhardi). 506. 507. 651. 682. 691 (bei Heda). 788. 826. 1896. 1968. 1978 u. s. w. Auch sind nicht wenige Fälle bekannt, wo die Daten ein und derselben Urkunde in verschiedenen Abdrücken verschieden angegeben werden, wie z. B. BRK. 79. 194. 209. 212. 368. 458. 579. 593. 594 (vgl. über die drei letzten Mon. Patr. Chart. 1, 40—43). 750. 751. 752. 780. 811. 814. 1212. 1218. 1246 (Böhmer Act. Conradi 17). 1505 (Zeerleder Bern. Urkkb. 1, 12). 1507. 1512. 1527 (vgl. Bouquet SS. 11,551). 1596. 1667. 2026 u. s. w. Nicht selten kommen endlich Auslaszungen und Verwechslungen einzelner Ziffern, letzteres besonders mit II. V. X. vor; z. B. BRK. 610. 651 (vgl. die Abdrücke bei Ughelli und Margarin). 1000. 1160. 1249 (gehört nach 918) u. s. w. Alles diesz zusammen genommen erklärt hinreichend die Verwirrung und das Chaos in der Datierung der Urkunden, denen

sache, mancher erhobener Anspruch ist uns gerade in den Datierungzeilen aufbewahrt.²⁵² Die Bedeutsamkeit wie der hohe Werth dieser Formel tritt schon dadurch recht klar zu Tage, vollends erst wenn wir berücksichtigen, was wir aus ihr für Chonologie und Itinerar mit allen Folgerungen, die sich daran knüpfen, zu gewinnen haben. Jedenfalls bildet sie einen der allerwichtigsten Bestandtheile unsres Urkundenwesens und fordert zu doppelter Aufmerksamkeit und Genauigkeit bei der Beobachtung aller Eigenthümlichkeiten sowol hinsichtlich der eigentlichen **Formel** als der **Berechnung** der Daten auf. Denn während erstere wesentlich durch die Ereignisse bestimmt wird, welche die Epochen in der Regierung der einzelnen Regenten bilden, hängt letztere zum grösseren Theile von den Wandlungen ab, die die Leitung der fürstlichen Kanzlei zu erfahren hatte. — Gleich unter Pippin bemerken wir eine neue Formel, die fast wie bei der Titulatur, maszgebend für Jahrhunderte geblieben ist. Jeder Antritt neuer Herrscherwürden, wie z. B. unter Karl dem Groszen 774 und 800, unter Karlomann 877, unter Karl dem Dicken 882 und 884, wie unter Karl dem Kahlen 875 u. s. w. wird auch genau in der Datierung verzeichnet und die Zählung der Jahre hiernach neben den andern Epochen fortgeführt; seltener dasz diese neu hinzugekommenen förmlich an die Stelle der früher gebrauchten gesetzt und jene dadurch gleichsam ganz verdrängt würden, wie diesz z. B. bei der Datierung der Kaiserepoche Hludwigs des Frommen 814 gegenüber seiner Aquitanischen Regierungjahre der Fall ist, oder bei Karl dem Dicken 881, bei Arnulf 896 und Hludwig dem Blinden 901 mit Rücksicht auf ihre frühere italienische, beziehungweise burgundische Herrschaftepoche, deszgleichen beim Beginn der neuen Frankenherrschaft Hlothars I. 840 hinsichtlich der bereits 833 von ihm angefangenen Zählung der „anni in Francia" oder bei Hludwig dem Deutschen 833 betreffs seiner bairischen Regierungzeit. Das Verhältniss Hludwigs

wir leider nur all zu oft auch in den neuesten Publicationen begegnen können. Hier ist darum die grösste Behutsamkeit in der Benutzung geboten und nur durch strenges Zurückgehen und möglichstes Beschränken auf die Originale selbst wird Rettung und Heil zu erlangen sein. Diesem Verfahren danken auch wir das Beste von unsern Resultaten. Wir glauben damit zum erstenmal eine sichere Grundlage bieten zu können, auf die hin eine zuverlässige Reduction der Daten unternommen werden dürfte. Vgl. auch oben S. 41 Note 8.

²⁵² Vgl. BRK. 790. 1803 und so auch in vielen Privaturkunden.

des Frommen zu seinen Söhnen Hlothar I., Hludwig dem Deutschen und Pippin I. von Aquitanien findet auch in der Datierungformel einen bestimmten Ausdruck und die Dauer der Erwähnung der gegenseitigen Regierungjahre ist für die Geschichte dieses Verhältnisses gewiss sehr bezeichnend. Anderseits bildet z. B. der Tod Kaiser Hlothars I. auch in der Datierungformel wie in der Titulatur der Urkunden Kaiser Hludwigs II. einen eigenen Abschnitt. Aber auch auf die Berechnung der Daten wirken oft blosz die Ereignisse entscheidend ein, z. B. ist in den Urkunden Kaiser Hlothars I. der neue Regierungantritt desselben in Franken 840 Juni 20 maszgebend für alle Daten, sogar für die Indiction, die hier, allen sonstigen Regeln zuwider, Mitte Juni umsetzt. Und alles diesz geschieht meist unabhängig vom Wechsel in der Oberleitung der fürstlichen Kanzlei, gleichsam als unmittelbares Resultat der politischen Ereignisse selbst. — Dagegen fällt aber auch nicht selten eine Aenderung in der Kanzlei mit bedeutenden Begebenheiten zusammen, die dann gemeinsam eine Umwandlung in der Datierungformel wie in der Berechnung der Daten bedingen; so ist z. B. nach dem Abfalle auf dem „Lügenfelde" 833 mit einem Wechsel der Erznotare bei Kaiser Hlothar I., König Hludwig dem Deutschen und Pippin I. von Aquitanien durch den Eintritt Agilmars, Grimalds und Dodos zugleich eine Neuerung in der Datierungweise ihrer Urkunden auf das bestimmteste verbunden. Ebenso macht sich der Eintritt des Erzkapellan-(Erznotars) Liutbert von Mainz in die Kanzlei Hludwigs des Deutschen 870, der gleichzeitig mit den neuen Erwerbungen aus dem Lothringischen Reiche erfolgte, auch sogleich in der Berechnung der Daten erkennbar, wogegen wieder in den Urkunden Hludwigs des Jüngern von 880 an mit dem Antritt der Erbschaft von Karlomanns Ländern und des neuen Kanzlers Arnulf auch die Datierungformel wechselt u. s. w. — Eine Menge der wichtigsten Abweichungen gerade in den beweglichen Theilen der Datierung läszt sich endlich nur durch den Wechsel in der obersten Führung der Kanzlei mit Sicherheit bestimmen; hat er uns doch schon oft bei derartigen diplomatischen Schwierigkeiten den besten Aufschlusz gewährt. So tritt unter Hludwig dem Frommen wahrscheinlich schon mit dem Erznotar Fridugis seit 819 und sicher mit Theoto seit 932, ferner unter Hlothar I. mit Hilduin von 844 an, ebenso unter Kaiser Hludwig II. mit Remigius seit 862, unter Hludwig dem Deutschen mit Balderic um 854, unter Karl dem Dicken je nach den verschiedenen Kanzler- (Notaren) desselben, unter Arnulf mit Wiching seit 893, unter Karl dem Kahlen mit dem Kanzler Gauzlin von 860 an unverkennbar eine Wandlung in der Berechnung meist der Indiction, öfter aber auch der Regierungjahre ein. Wir können daher nicht umhin, auf den directen Einflusz der jeweiligen Vorstände der fürstlichen Kanzlei mehr noch als bei jedem andern, besonders bei diesem Theile des Urkundenwesens zu schlieszen und werden in dieser Ansicht noch dadurch bestärkt, dasz gerade während der Neugestaltung der Kanzleiverhältnisse in der zweiten Hälfte des neunten Jahrhunderts sich diese Einwirkung der Vorsteher höchst schwankend, bald von den Erzkapellan- (Erznotaren), bald von den neuen Kanzlern abhängig, erweist. — Selbst in der Uebergangepoche, wo doch, wie wir uns bei den übrigen Urkundenformeln hinreichend überzeugten, diese Einwirkung der jeweiligen Kanzleivorstände oft nur sehr spärlich nachgewiesen werden konnte, läszt sie sich dagegen hier nicht allzuschwer verfolgen und liefert uns damit den Beweis für die andauernde Wirksamkeit, aber auch für die hohe Bedeutsamkeit derselben

In der Geschichte der Datierung der fürstlichen Karolingerdocumente behaupten gleichmäszig, wie bei den übrigen Urkundenformeln, besonders die Aenderungen und Zusätze, die unter Pippin, Karl dem Groszen und Hludwig dem Deutschen gemacht worden sind, einen hervorragenden Platz und blieben bestimmend für die folgenden Jahrhunderte. Unter Pippin nämlich wird zuerst die Zeitangabe von der Ortsbestimmung in der Datierungzeile besonders getrennt und zwar durch *Data* . . . . [253] und

---

[253] mit Bezug offenbar auf . . . *sunt haec*, wie es auch ausdrücklich so in BRK. 1144 heiszt, keineswegs aber mit Rücksicht auf die Schluszbezeichnung der Urkunde, nämlich: *auctoritas, confirmatio, cessio, praeceptio* u. s. w., wogegen schon das gleichzeitig vorkommende *datum* bei denselben Schluszworten spricht; vgl. die Or. BRK. 7. 11. 22. 29. 148 u. s. w. Die Formel *data cessio ista* (BRK. 374) oder *datum est hoc praeceptum* (BRK. 1480. 1481) steht ganz vereinzelt. Uebrigens kommt *datum* statt *data* verhältnissmäszig nur selten in der eigentlichen Karolingerepoche vor, die Zahl der Or., die es aufweisen, ist gering, so BRK. 7. 11. 22. 29. 32. 59. 63. 64. 75. 76. 148. 220. 541. 627. 658. 664. 731. 941. 1144. 1589. 1649. 1834. 1836. 1862. 1869. Erhard Cod. Westf. 1, 21 u. s. w., häufiger allerdings in Copialurkunden, aber doch nur in Folge der Willkür der Copisten. Allerdings ändert sich das in der Uebergangepoche. Die Formel: *datae, dato, datas* (BRK. 321. Wirtemb. Urkbb. 1, 87. Schöpflin Als. dipl. 1, 107. Ughelli It. sac. 5, 1095) ist natürlich ganz corrum-

Actum . . . [254] und diese Formel blieb constant und maszgebend für die folgenden Jahrhunderte. [255] Ebenso brachte seine Zeit das Schluszwort *Amen* am Ende des überkommenen Merovingischen Spruches *in dei nomine feliciter*. [256] Von Karl dem Groszem aber rührt zunächst die gleichzeitig nebeneinander fortlaufende Berechnung verschiedener Regierungepochen her, wie wir sie zuerst 774 treffen, wo neben der fränkischen die italienische anhebt, zu denen dann von 800 an noch die Jahre der Kaiserregierung zugezählt werden, [257] ein Verfahren, das von der Mehrzahl seiner Nachfolger fortan als Regel befolgt wurde. Wichtiger noch und gewiss sehr bezeichnend ist die gleichfalls von ihm seit der Kaiserkrönung eingeführte Indictionrechnung, [258] die anfangs, wie es scheint,

piert. Bei *et data*, was auch mit unterläuft, wie BRK. 348. 1118. 1139. 1313. ist das *et* irrig von der Recognitionformel: *recognovi et (ss)* herübergenommen.

[254] nur ausnahmweise *acta* bei BRK. 69. 439. 669. 684. 1559. 1688. Urkkb. des Landes ob der Enns 2, 12. Dümgé Reg. Bad. 79. Beyer Mittelrh. Urkkb. 1, 52. Muratori Ant. It. 6, 343. Ughelli It. sac. 3, 614 u. s. w.

[255] Wo nicht geradezu eine der beiden Bezeichnungen fehlt, (was allerdings manchmal selbst als Gesetz, wie bei Karl dem Dicken vorkommen kann,) ist sogar z. B. das Voransetzen der Ortsbestimmung wie bei BRK. 669. 1693. 1716. 1980 u. s. w. sehr selten und überhaupt jede Abweichung von der feststehenden Regel wenigstens in der eigentlichen Karolingerepoche wie bei BRK. 358. 747. Erhard Cod. Westf. 1, 24 u. s. w. immer eine grosze Ausnahme. Deszhalb treffen wir auch ein Verwechseln und Vertauschen von *data* mit *actum* und umgekehrt nur in gefälschten oder sehr verdächtigen Urkunden an, wie z. B. *data* vor dem Ausstellort in BRK. 19. 179. 711. Beyer Mittelrh. Urkkb. 1, 54. 60. 104. 212. Wirtemb. Urkkb. 1, 87. Herrgott Geneal. 2ª 52. Ughelli It. sac. 4, 1002 u. s. w. oder aber *actum* vor der Zeitbestimmung wie in BRK. 43. 488. 560. 874. 1851. Mon. Boic. 30ª, 377. 31ª, 7. 11. 56. Heumann Comm. de re dipl. imperator. 1, 439. Urkkb. des Landes ob der Enns 2, 12. Wirtb. Urkkb. 1, 145. Dümgé Reg. Bad. 79. Dronke Cod. Fuld. 51 u. s. w.

[256] allerdings selten noch bei Pippin (BRK. 11. 23), gar nicht bei Carlomann, aber unter Karl dem Gr. häufiger (BRK. 38. 62. 63. 64. 75. 82. 100. 120. 173. 184. 186. 197. 201) und von Hludwig dem Fr. ab fast durchgehends.

[257] BRK. 57. 66. 68. 74. 77. 82. 87. 94. 98. 100. 173. 186. 197 u. s. w.

[258] Was daher früher in was immer für fürstlichen Karolingerdocumenten die Indiction aufweist, musz geradezu für gefälscht oder für interpoliert erklärt werden, wie BRK. 2. 16. 18. 48. 61. 86. 107. 121. 122. 123. 124. 131. 134. 142. Wenck Hess. Landesg. 2, 12. Mon. Patr. Chart. 1, 53. Ughelli It. sac. 5, 699. Mon. Boic. 30ª 375. 377. Ueber die Urk. BRK. 119 vgl. unten Note 262.

BERICHTIGUNGEN.

Seite 11	Zeile 19	zu lesen:	Gesichtspunkte
„ 22	„ 31	„ „	7, 189. 196. 208.
„ 38	„ 8	„ „	inluster,
„ 41	„ 28	„ „	nach 2, 216 noch: 391. 421. 431.
„ 52	„ 33	„ „	nach 1144 u. s. w. noch: Auch gleichzeitige Correcturen finden sich; vgl. Kopp Palaeogr.crit. 1,382.
„ 53	„ 13	„ „	Ziffern statt: Zahlen.
„ 56	„ 21	„ „	nach 1012 noch: BRK. 293 hat sogar vierfaches Chrismon.
„ 56	„ 35	„ „	nach 757 noch: 767. 779.
„ 59	„ 28. 29	„ „	erhalten wie BRK. 680. 929. 949. dagegen ist, BRK. 745 (das zweite Exemplar u. s. w.) zu streichen.
„ 59	„ 34	„ „	Muratori SS. 2^b 386.
„ 67	„ 1	„ „	ist vor: 814 ein Sternchen * zu setzen.
„ 67	„ 11	„ „	ist vor: 816 ein Sternchen * zu setzen.
„ 69	„ 14	„ „	nach Frgt. noch: Mittheil. der antq. Gess. in Zürich. Bd. 8 Taf. 9 mit Siegelabb.
„ 71	„ 15	„ „	nach Schöpflin Als. dipl. 1, 111 noch: Kopp Palaeogr. crit. 1, 414.
„ 71	„ 19	„ „	Nouv. traité Taf. 69.
„ 71	„ 37. 38	„ „	859 Juni 20. Karl der Kahle schenkt seinem getreuen Isanbert Güter im Gau Narbonne. Silvestre Pal. 3, 77. — (BRK. 1679.)
„ 75	„ 34	„ „	Jüngern, statt: Kinde.
„ 77	„ 36	„ „	Beyer Mittelrh. Urkkb. 1, 13. 52.
„ 78	„ 32	„ „	sacr. et prof. 2, 307.
„ 79	„ 36	„ „	ist BRK. 783 sogar u. s. w. zu streichen.
„ 86	„ 11	„ „	*ordinante (annuente, praeveniente)*
„ 90	„ 32	„ „	337. Bordier Rec. 49.
„ 96	„ 28	„ „	selbst ein: vgl. Mon. Boic. 31^a 52. 148.
„ 98	„ 38	„ „	*Carlomannus* (BRK. 466. 1852)
„ 102	„ 23	„ „	vorkommt. Oder gar: *Signum . . . . regis et imperatoris* wie bei Herrgott Geneal. 2^a 20.
„ 103	„ 36	„ „	2057. Ebensowenig kommt *semper augustus* vor, wie BRK. 983. 984.

www.ingramcontent.com/pod-product-compliance
Lightning Source LLC
Chambersburg PA
CBHW031325160426
43196CB00007B/667